MW01713417

ÇA GROUILLE AUTOUR DE MOI 1

Gilles Brillon

illustré par Doris Barrette

J'observe les escargots, les araignées et d'autres bestioles

The Toronto French School
Bibliothèque
7428

ÉDITIONS MICHEL QUINTIN

Données de catalogage avant publication (Canada)

Brillon, Gilles, 1942-
J'observe les escargots, les araignées et d'autres bestioles

(Ça grouille autour de moi ; 1)
Comprend des références bibliographiques.
ISBN 2-920438-89-1

1. Invertébrés—Ouvrages pour la jeunesse.
I. Barrette, Doris II. Dias, Rui III. Titre. IV. Collection.

QL 362.B74 1990 j592 C90-090460-7

Conseiller scientifique: Serge Tanguay

Illustrations : Doris Barrette
Rui Dias (cartes d'identité et pp.17-47-48-55)

Graphisme et mise en page : Le Groupe Flexidée

Mise en couleur de la couverture : Évelyne Arcouette

Tous droits de traduction et d'adaptation réservés pour tous les pays. Toute reproduction d'un extrait quelconque de ce livre, par procédé mécanique ou électronique, y compris la microreproduction, est strictement interdite sans l'autorisation écrite de l'éditeur.

ISBN 2-920438-89-1
Dépôt légal/ 2e trimestre 1991
Bibliothèque nationale du Québec
Bibliothèque nationale du Canada

© Copyright 1991
Éditions Michel Quintin

C.P. 340, Waterloo (Québec)
Canada J0E 2N0

Imprimé au Canada

À la mémoire de mon père qui m'a transmis son amour des mal-aimés.

Remerciements

Je suis reconnaissant à mes élèves d'avoir accepté de faire plus ample connaissance avec ces petits animaux au moyen d'activités toutes simples.
Je remercie également mon épouse Marielle qui a toléré pendant des années mes pots, mes cages et mes bouquins dans la cuisine et ailleurs dans la maison.

PRÉFACE

Les enfants à qui je demande ce qu'ils savent des sciences naturelles me répondent souvent qu'un insecte est une «bibitte», qu'un oiseau est un «moineau», qu'un minéral est une «roche» ou qu'une plante est de la «verdure».

Les jeunes ont plus que jamais besoin d'outils simples et bien conçus qui leur permettent de découvrir les multiples aspects de la nature et du règne animal en particulier. J'ai toujours pensé que les sciences naturelles sensibilisent les gens, les humanisent et les rendent plus respectueux de la nature et de l'environnement.

Et c'est précisément à ce niveau que Gilles Brillon excelle. Sous la plume de ce vulgarisateur hors pair, les invertébrés, ces grands négligés de notre planète, sont enfin valorisés et présentés aux jeunes de façon pratique, intéressante, passionnante !

Nous avons grand besoin d'auteurs de cette qualité, qui ont le souci de transmettre aux jeunes leurs connaissances et leur amour de la nature et de préparer ainsi un monde meilleur.

Amitiés.

Georges Brossard

Directeur-fondateur de l'Insectarium de Montréal

TABLE DES MATIÈRES

300006260

INTRODUCTION

On a souvent besoin d'un plus petit que soi.

De nos jours, on se préoccupe beaucoup des espèces animales menacées de disparition: le béluga, le faucon pèlerin... Ces gros animaux attirent facilement notre attention. Pourtant les invertébrés, en général beaucoup plus petits, vivent les mêmes problèmes sans qu'on se préoccupe de leur sort. Or ces bêtes sont très importantes pour nous. Elles servent de nourriture à un grand nombre d'animaux, ainsi qu'aux humains. Notre vie dépend des invertébrés beaucoup plus qu'on ne l'imagine.

L'utilité de certains invertébrés pour les humains

Les invertébrés sont utilisés dans plusieurs domaines. En médecine, par exemple, les scientifiques se servent de certains papillons, comme le monarque, qui contiennent des substances pouvant faciliter le traitement des maladies du coeur. On a également recours à d'autres espèces d'invertébrés pour protéger les humains contre les virus, les microbes ou les tumeurs. Une sangsue, la sangsue médicinale, serait même capable de produire une substance empêchant le sang de coaguler.

Quant aux agriculteurs, ils savent depuis longtemps que les abeilles assurent la pollinisation des fleurs des pommiers et la production des fruits. Pour diminuer l'emploi des insecticides, on utilise de plus en plus souvent certains invertébrés qui mangent les insectes nuisibles aux cultures. La nature regorge d'animaux qui empêchent les insectes de «surpeupler» la planète; c'est la mission des guêpes, des araignées, des coccinelles...

Sur la table, les invertébrés occupent une place de choix. Qu'il suffise de penser aux homards, aux crabes et aux escargots.

Les invertébrés servent aussi d'indicateurs écologiques. Pour déterminer la santé des cours d'eau, on relève en effet la présence ou l'absence de certains invertébrés plus ou moins résistants à la pollution.

L'utilité des invertébrés dans l'environnement

Les invertébrés servent de nourriture à de nombreuses espèces animales : oiseaux, baleines, poissons, reptiles et amphibiens. Ils sont à la base de la vie sur terre, immédiatement après les plantes. Une foule d'invertébrés voient au nettoyage de la nature. Plusieurs se nourrissent des déchets organiques provenant des plantes, des animaux et même des humains. En broyant cette nourriture, ils produisent eux-mêmes des déchets qui sont facilement digérés par les bactéries. Ces éléments complètement décomposés et enfouis dans le sol fournissent ensuite aux plantes les substances qui leur servent de nourriture. Plusieurs invertébrés contribuent aussi à mélanger et à ameublir le sol.

Malheureusement, les invertébrés font peur. Dès qu'ils en aperçoivent, bien des gens partent à leur poursuite pour les asperger de pesticides. Tous ces petits êtres sont pourtant très utiles au maintien du parfait équilibre de notre environnement. Connaître davantage les invertébrés ne peut que nous amener à les aimer davantage, et donc à mieux les protéger.

Comment découvrir les invertébrés

Tu trouveras dans les pages suivantes différentes activités qui te feront découvrir des invertébrés peu connus. Tu pénétreras dans le monde fascinant des invertébrés, dont certains te seront présentés plus en détail.

Apprends d'abord à faire un élevage. Pour le réussir, il te suffit de reproduire le plus fidèlement possible l'habitat naturel de l'animal. Essaie de respecter les conditions de température et d'humidité de son milieu de vie. Veille toujours à ce que les animaux ne manquent pas de nourriture et ne puissent s'enfuir. Ce sont des êtres vivants comme toi, alors prends-en bien soin. Par des observations quotidiennes, tu découvriras une foule de renseignements sur le comportement de ces animaux. Tu te poseras sans doute beaucoup de questions. Tu y trouveras des réponses dans ces pages, et aussi dans des ouvrages plus spécialisés. Qui sait, peut-être même découvriras-tu des choses que les scientifiques ignorent encore !

Précautions à prendre

Même si ces animaux ne sont pas plus malpropres que ton chat ou ton chien, prends l'habitude de bien te laver les mains après les avoir touchés. Les animaux dont nous parlerons ne sont pas dangereux. Certains, comme le centipède et quelques araignées, peuvent cependant te pincer ou te piquer légèrement. Lis attentivement la documentation qui précède les activités afin de bien prendre les précautions nécessaires.

Que faire avec les animaux après tes observations

Lorsque tu as terminé tes observations sur un animal, remets-le à l'endroit où tu l'as trouvé. Vers la fin de l'été, pense à libérer ceux que tu auras gardés en élevage afin que chacun ait le temps de se préparer à passer l'hiver. Si l'habitat et la température ont trop changé, il vaut mieux les conserver ou les offrir à des amis qui en prendront soin aussi bien que toi. Peut-être même pourrais-tu partager tes découvertes avec tes camarades de classe si ton professeur est d'accord ? N'oublie pas de remettre les animaux en liberté le printemps suivant.

Voici les pictogrammes utilisés dans ce livre. Apprends à les reconnaître d'un seul coup d'oeil car ils te faciliteront grandement la tâche.

 Fais attention aux piqûres ou aux morsures.

 Réalise cette activité à l'intérieur (ou à l'extérieur si tu le préfères).

 Réalise cette activité à l'extérieur.

 Réalise cette activité de préférence par temps pluvieux.

 Dans les champs, les prés, le gazon

 En forêt, en terrain boisé

 = 30 minutes

 = Une heure

 = Plus d'une heure

LES INVERTÉBRÉS

Il existe toutes sortes d'animaux sur la terre. Certains, comme les protozoaires, sont microscopiques tandis que d'autres, comme les baleines, ont une longueur pouvant atteindre 30 mètres. C'est pour faciliter la compréhension du règne animal que les scientifiques l'ont divisé en 2 grands groupes: les vertébrés et les invertébrés.

Le groupe des **vertébrés**, dont l'être humain fait partie, réunit tous les animaux qui ont un squelette... c'est-à-dire à peine 5 % du règne animal! La colonne vertébrale, pivot du squelette, est reliée aux os qui soutiennent fermement les muscles et les organes. C'est ce qui permet à certains vertébrés, notamment aux baleines et aux éléphants, d'atteindre une si grande taille. Les vertébrés comprennent 5 grandes classes: les poissons, les reptiles, les amphibiens, les oiseaux et les mammifères.

Le groupe des **invertébrés** est formé des animaux qui n'ont pas de colonne vertébrale. Privés de soutien, les invertébrés sont pour la plupart très petits si on les compare aux humains et aux autres vertébrés. Il y a cependant quelques exceptions comme le calmar géant, qui mesure 12 mètres! Celui-ci vit dans la mer, où l'eau l'aide à supporter son poids d'une tonne. Sur terre, le plus grand invertébré est un ver de terre australien de près de 3 mètres.

En réalité, si ces animaux peuvent vivre sans colonne vertébrale, c'est parce qu'ils possèdent eux aussi un «squelette», mais un squelette très différent du nôtre.

Certains invertébrés ont un «squelette» constitué non pas d'os, mais plutôt de muscles fermes. Un liquide interne durcit leur corps à la façon de l'air qui fait gonfler un canot pneumatique. C'est le cas des vers de terre. D'autres invertébrés ont le corps recouvert d'une mince couche plus ou moins rigide appelée chitine. C'est le cas des insectes, des arachnides, des crustacés et des myriapodes. D'autres encore ont le corps recouvert d'une coquille. Parmi les plus connus se trouvent les escargots, les moules et les huîtres. Leur «squelette» est constitué d'un produit chimique fabriqué par l'animal, le carbonate de calcium.

Les deux activités suivantes te permettent d'observer le nombre et la diversité des invertébrés qui vivent dans ton entourage.

La fosse

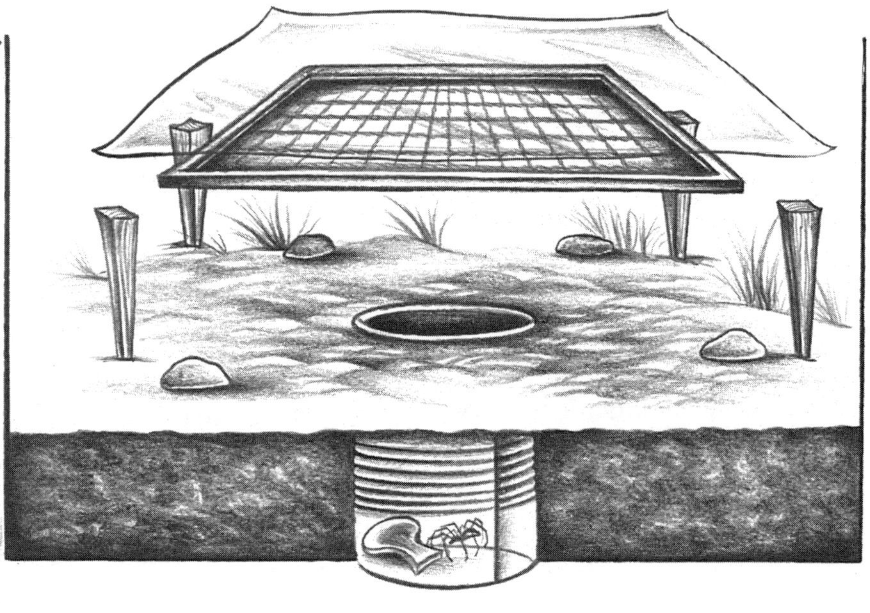

Matériel

◆

1 boîte de conserve d'environ 500 mL

◆

1 grillage (15 cm sur 15 cm) à mailles de 15 mm

◆

appâts naturels ou artificiels

◆

1 cadre de bois ou de plastique rigide (20 cm sur 20 cm)

◆

4 piquets de bois

Tu veux capturer des invertébrés qui rampent ou qui marchent sur le sol ? Voici un leurre ingénieux qui te permettra de le faire.

Enfouis une boîte de conserve jusqu'au niveau du sol. Place un appât naturel (viande, légume...) ou artificiel (mélange sucré) au fond de la boîte, que tu recouvres ensuite d'un grillage pour empêcher les petits mammifères d'y entrer. Fabrique un toit à la fosse avec le cadre de bois et les piquets afin de protéger tes futures captures de la pluie.

Cette technique te permettra de capturer toutes sortes d'invertébrés. Ces animaux sont les vidangeurs naturels de la nature. Ils passent leur vie à la débarrasser des débris de plantes ou d'animaux morts.

Une bonne cachette

Ramasse un peu de vieilles feuilles mortes dans la forêt. Secoue ces feuilles mêlées de matière végétale dans un tamis. Tu peux aussi utiliser un grillage à mailles suffisamment écartées pour laisser passer les petits animaux, mais qui retiendra les feuilles mortes.

La couche de vieilles feuilles est un milieu où vivent plusieurs invertébrés comme les vers de terre, les millipèdes (sorte de mille-pattes) et les cloportes. Ceux-ci se nourrissent de matière organique, c'est-à-dire de végétaux et d'animaux morts. Ils sont pourchassés à leur tour et mangés par d'autres invertébrés plus rapides comme certains insectes et les centipèdes (autre sorte de mille-pattes).

Matériel

◆

1 TAMIS OU GRILLAGE À MAILLES DE 1 CM ENVIRON

◆

1 BOÎTE À FOND BLANC

LES ANNÉLIDES

Les annélides sont communément appelés «vers». Ils gardent la même forme toute leur vie, contrairement à certaines larves d'insectes qui, tout en leur ressemblant au départ, finissent par prendre une autre forme.

Les caractéristiques des annélides

Le corps des annélides est divisé en sections appelées segments. Le premier segment est précédé d'une tête rudimentaire qui porte parfois des appendices : antennes, yeux, bouche. Le reste du corps est formé de segments qui peuvent porter ou non des appendices. Plusieurs annélides respirent à l'aide de branchies, et d'autres, directement par la peau.

Certains, comme la sangsue, se nourrissent de proies vivantes. D'autres, comme le lombric, notre ver de terre commun, se nourrissent surtout de matières végétales.

Le milieu de vie des annélides

Les annélides vivent aussi bien sur terre que dans l'eau. Sur terre, la plupart préfèrent les endroits humides, riches en matières végétales en décomposition. On les retrouve aussi bien dans le sol des jardins, des pelouses, des champs et des bois que dans les tas de fumier. Il y en a aussi dans les lacs, les étangs et les océans.

Le ver de terre

Plusieurs espèces de vers qui vivent dans le sol sont appelés vers de terre. Les petits vers de jardin mesurent environ 8 cm, tandis que les gros vers de pelouse atteignent près de 15 cm. Le ver australien, quant à lui, bat tous les records avec ses 273 cm !

Les caractères particuliers du ver de terre

Le ver de terre a un corps mou, cylindrique et composé de muscles puissants. Sa couleur se situe entre le rouge foncé et le mauve. Extérieurement, il est divisé en anneaux ou segments dont le nombre augmente avec l'âge. Un renflement est situé entre le 33e et le 38e segment, dans la partie avant du ver. C'est le clitellum. Le dessous du corps, plus pâle que le reste, porte des crochets ou soies, difficiles à voir à l'oeil nu. En passant le doigt de l'arrière à l'avant de l'animal, on peut sentir 2 paires de soies par segment.

Le ver de terre n'a pas de sexe particulier. Il est mâle et femelle en même temps. C'est pourquoi les scientifiques disent qu'il est hermaphrodite. Les vers de terre doivent quand même toujours s'accoupler pour se reproduire.

Au moment de l'accouplement, les 2 vers se placent tête-bêche, de manière à ce que le clitellum de l'un soit en face des réceptacles séminaux (ou petits sacs réservoirs) de l'autre. Le clitellum commence par sécréter un mucus qui forme comme une bague autour de l'animal. Les vers s'échangent ensuite des spermatozoïdes pendant 2 à 3 heures, puis ils se séparent. Le sperme se rend alors jusque dans les réceptacles séminaux de l'autre ver. En se séparant, chaque ver conserve sa bague de mucus. Dans les 3 ou 4 jours suivants, la fécondation a lieu. Libérés dans la bague, les ovules sont fécondés par les spermatozoïdes qui sortent des réceptacles séminaux. En se déplaçant dans le sol, le ver perd cette bague qui se transforme en un petit cocon contenant quelques oeufs. On peut trouver des cocons de ver de terre dans un élevage en tamisant le sol.

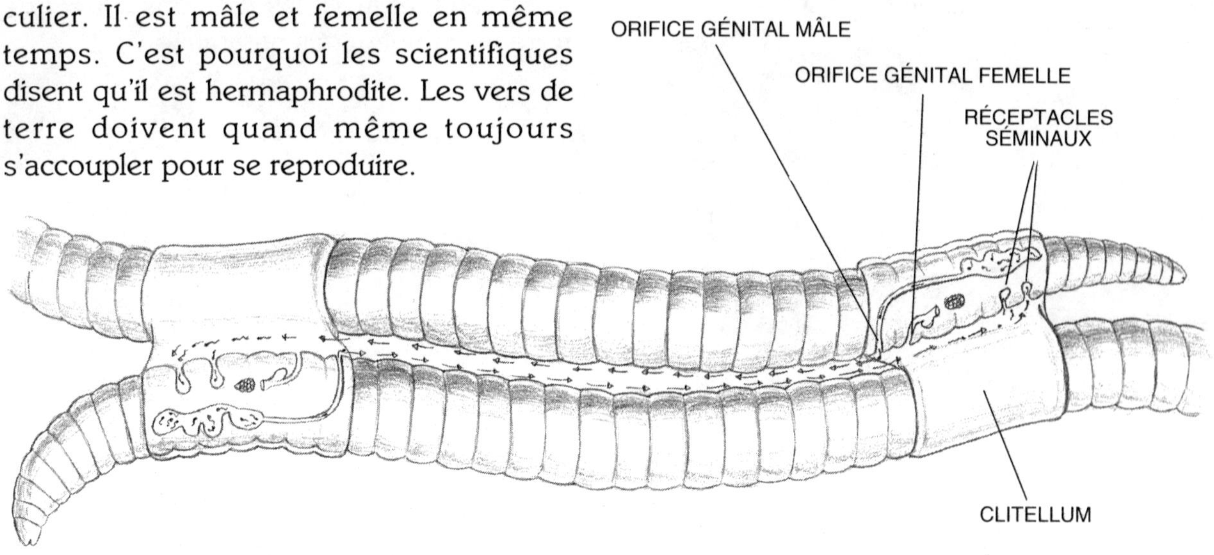

ACCOUPLEMENT CHEZ LE VER DE TERRE

Son habitat

Le ver de terre vit dans le sol, à la noirceur. Il préfère les endroits humides et riches en matière organique. On le trouve un peu partout : au jardin, dans les pelouses, les boisés et les champs, sous les feuilles, les billots et les planches.

Comme il respire par la peau, il déteste les fortes pluies qui pénètrent dans le sol. Quand cela se produit, il sort de terre pendant quelques heures pour trouver l'oxygène qui lui manque.

Son importance dans la nature

Le ver de terre est un des animaux les plus utiles sur la terre. Il passe sa vie à creuser des galeries dans le sol à la recherche de nourriture. Il aère ainsi la terre en la rendant plus légère, plus facile à pénétrer pour les frêles racines des plantes. Il avale sans arrêt la matière organique, surtout végétale, et la digère. Puis, il rejette ses excréments à la surface du sol sous forme de tortillons riches en éléments nutritifs. Ces éléments, à leur tour décomposés par les bactéries, nourrissent les plantes. Un savant du nom de Darwin a calculé qu'en une seule année, les vers de terre produisent plus de 36 tonnes de tortillons à l'hectare !

Le ver de terre sert de nourriture à plusieurs petits vertébrés et invertébrés tels les oiseaux, les taupes, les musaraignes... et même les mouffettes ! On pense qu'il pourrait devenir une très importante source de protéines pour l'humain, si le besoin s'en fait un jour sentir. Certaines entreprises font l'élevage commercial des vers comme appâts pour la pêche sportive. Elles vendent aussi les tortillons de ver de terre comme engrais naturel.

CARTE D'IDENTITÉ

Lombric terrestre
(Ver de terre)
Lumbricus terrestris
Earthworm

Sexe : hermaphrodite (à la fois mâle et femelle)
Taille : 2-20 cm
Couleur : rouge foncé à mauve
Lieu de naissance : dans le sol

Classe : Oligochètes
Ordre : Opisthopores
Famille : Lumbricinés

ANATOMIE

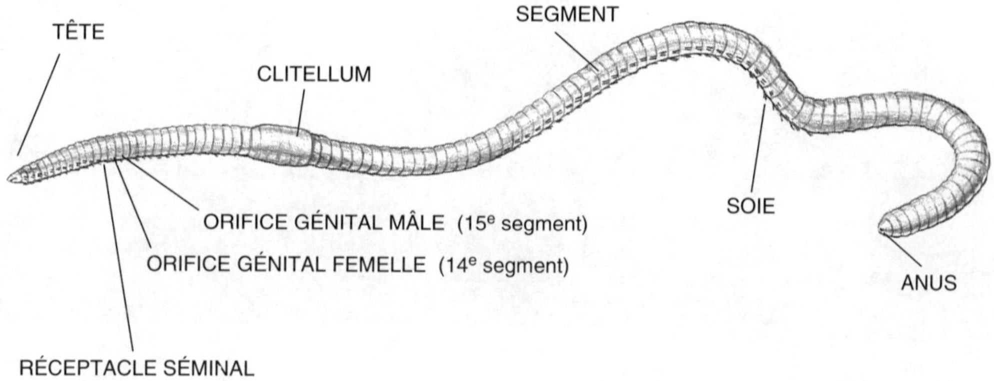

CYCLE DE VIE

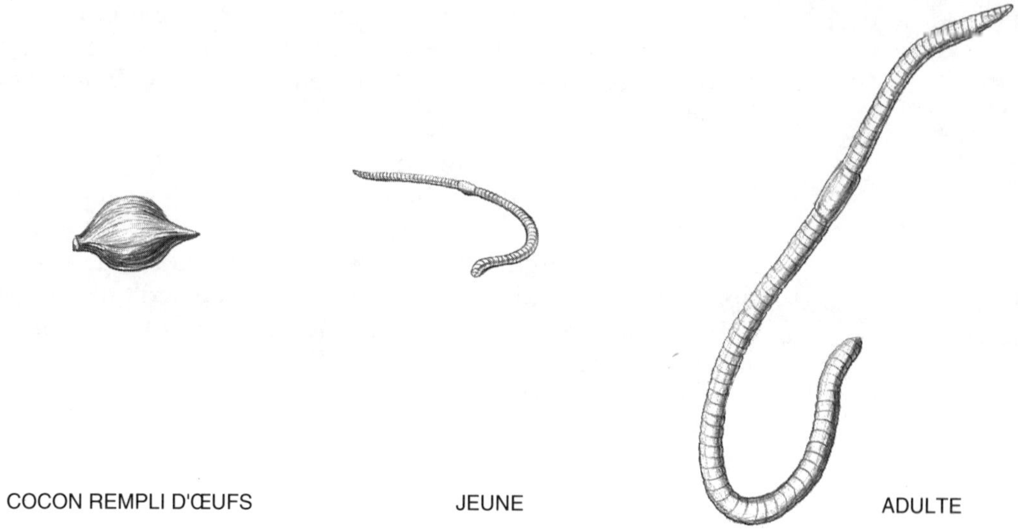

La capture

Matériel

◆
1 CONTENANT DE PLASTIQUE AVEC COUVERCLE
◆
1 LAMPE DE POCHE
◆
TERRE

On peut évidemment capturer de gros vers de terre en bêchant un jardin dont la terre est riche. Cependant, il est plus facile d'explorer la pelouse le soir après une bonne pluie. Lorsque le sol est trop détrempé, les vers sortent de terre pour mieux respirer. Voici une technique qui t'aidera à en capturer quelques dizaines en 20 minutes !

Il te suffit d'inspecter les endroits ombragés d'une pelouse à l'aide d'une lampe de poche pour apercevoir des vers souvent à demi sortis du sol. Tu dois retenir 2 choses: évite de faire du bruit et n'éclaire pas l'animal trop longtemps. Dès que tu aperçois un ver, approche-toi de lui en douceur car celui-ci perçoit les vibrations du sol . Ne l'éclaire pas trop, car en plus, il déteste la lumière. Saisis-le rapidement entre le pouce et l'index, le plus près possible de son trou de sortie. Avec les 3 autres doigts, exerce une légère pression sur son corps tout en le tirant du trou. S'il résiste trop, presse-lui gentiment la tête de ton autre main. Souvent, se croyant peut-être revenu à la sécurité de son tunnel, il se laissera extraire du trou.

Dépose un peu de terre humide au fond de ton contenant de plastique. Tu pourras y conserver tes captures pendant que tu termines ta pêche aux vers de terre. Captures-en de 30 à 50 si tu veux avoir un bon élevage.

L'élevage

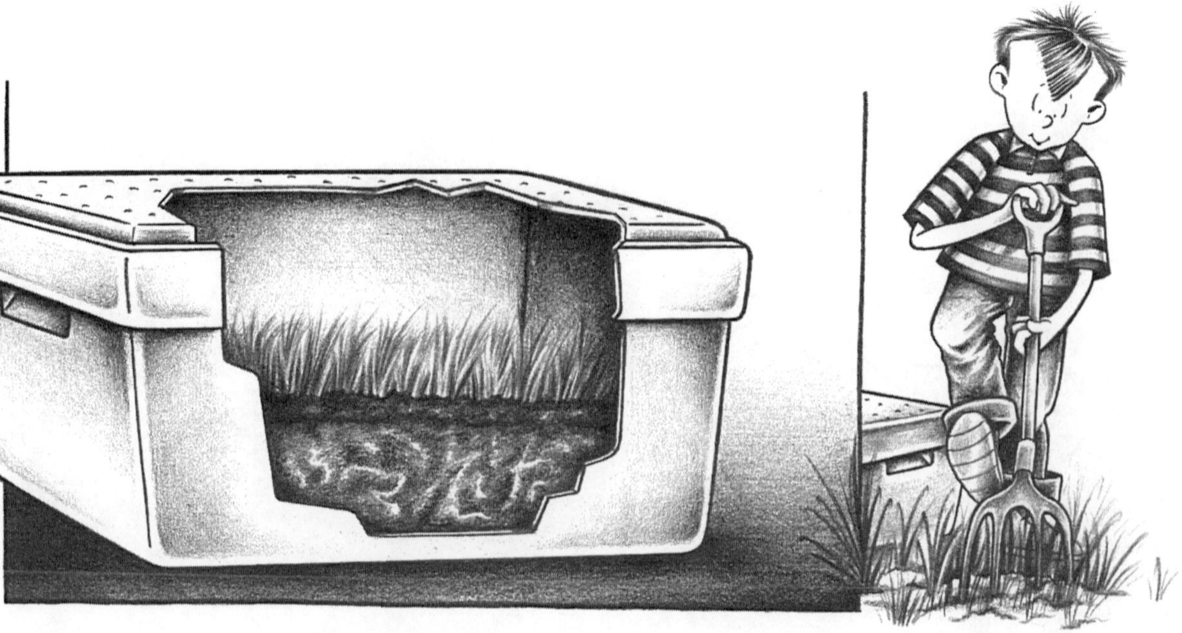

Pour conserver une dizaine de vers de terre pendant une courte période, tu peux simplement les placer dans un contenant de lait en carton ou un plat de margarine avec un peu de terre et de tourbe. Perce quelques trous dans le couvercle avec le clou pour bien aérer. Conserve les vers dans un endroit frais et ombragé.

Si tu veux conserver une plus grande quantité de vers plus longtemps, mieux vaut alors en faire l'élevage. Pour cela, remplis à demi de terre une vieille glacière de polystyrène. Tu peux remplacer la terre par un mélange artificiel pour vers de terre vendu dans les quincailleries à l'époque de la pêche. Ajoute des feuilles mortes et un morceau de tourbe taillé aux dimensions du fond de ton contenant. Les vers s'en nourriront. La tourbe permettra également de conserver l'humidité. Tu peux aussi te procurer à la quincaillerie de la nourriture spéciale pour vers de terre que tu disposeras à la surface de la terre.

Introduis ensuite les vers de terre dans le récipient que tu fermeras après avoir percé des petits trous dans le couvercle à l'aide du clou. Pour que le milieu ne s'assèche jamais, arrose au besoin. La terre doit être constamment humide au toucher mais non détrempée. Place ton récipient dans un endroit frais.

Matériel

◆

1 CONTENANT DE LAIT OU DE MARGARINE (AVEC COUVERCLE)

OU

1 GLACIÈRE DE POLYSTYRÈNE (AVEC COUVERCLE)

◆

TERRE OU MÉLANGE ARTIFICIEL POUR VERS DE TERRE

◆

MORCEAU DE TOURBE

◆

FEUILLES MORTES OU NOURRITURE ARTIFICIELLE POUR VERS DE TERRE

◆

1 PELLE

◆

1 CLOU

L'humidité pour la vie

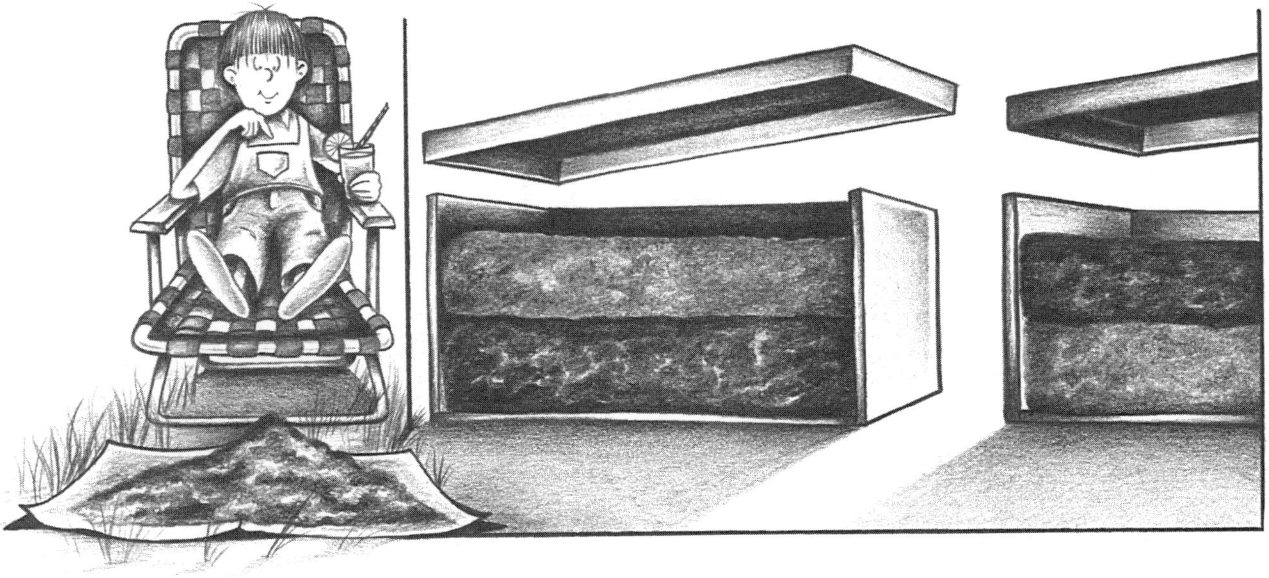

Matériel

◆

2 BOÎTES DE CARTON
(DE TYPE BOÎTE À CHAUSSURES)

◆

PAPIER JOURNAL

◆

TERRE

Sur du papier journal, fais sécher au soleil suffisamment de terre pour remplir une de tes boîtes. Recouvre le fond d'une des boîtes de terre humide, que tu recouvriras ensuite de terre sèche. Remplis aussi l'autre boîte, mais cette fois, place la terre sèche au fond et la terre humide sur le dessus. Dépose maintenant 5 vers dans chacune des boîtes. Ferme les couvercles. Au bout de quelques heures, enlève délicatement les couches de terre et note dans quelle couche se trouvent le plus de vers.

En principe, tu devrais constater que les vers préfèrent le sol humide. En effet, le ver de terre respire par la peau, qu'il doit garder humide pour que l'oxygène dont il a besoin puisse la traverser.

Vers le soir

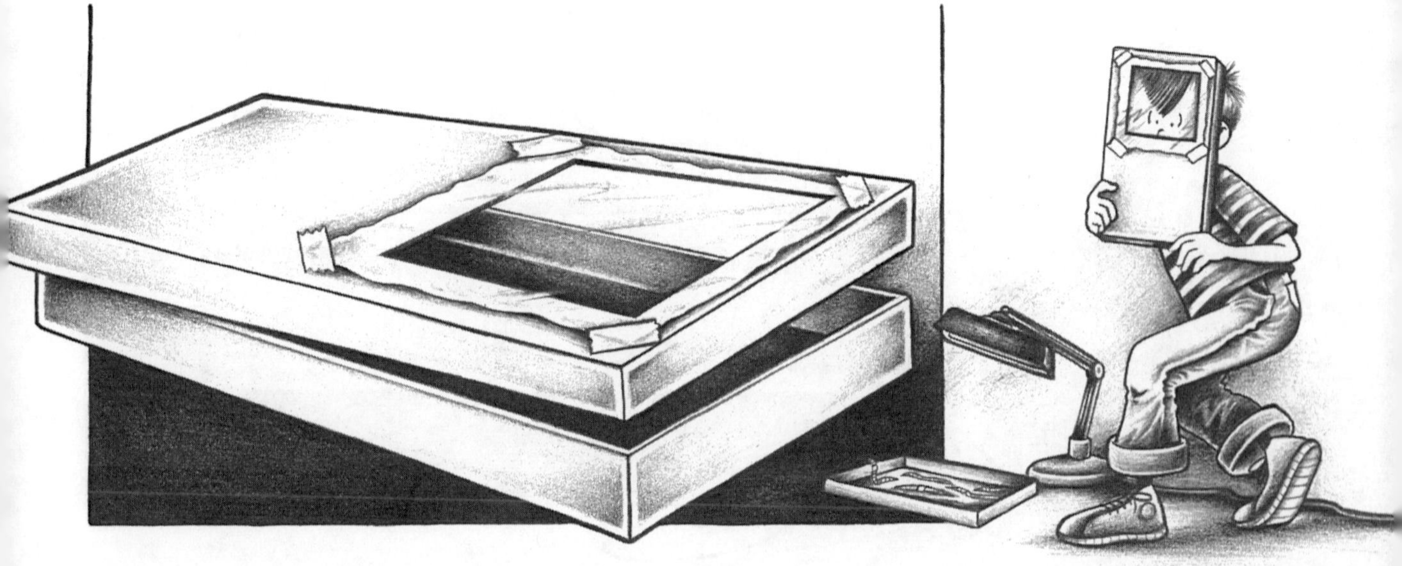

Découpe une fenêtre dans la moitié du couvercle d'une boîte de carton. Recouvre-la d'une feuille de papier cellophane que tu colleras avec du papier collant. Vaporise de l'eau au fond de la boîte, au centre de laquelle tu placeras 5 vers avant de fermer le couvercle. Dépose ta boîte près d'une source de lumière de façon à ce que seule la partie avec fenêtre soit éclairée. Utilise la lumière du jour ou une lampe fluorescente pour éviter de chauffer l'intérieur de la boîte. Toutes les 20 minutes, pendant 1 heure, note la quantité de vers dans la zone éclairée et dans la zone sombre.

Tu constateras que le ver de terre aime l'ombre et fuit la lumière.

Matériel

◆

1 BOITE DE CARTON
(DE TYPE BOÎTE DE CHOCOLATS)

◆

1 LAMPE FLUORESCENTE
(FACULTATIF)

◆

1 PAIRE DE CISEAUX

◆

PAPIER COLLANT

◆

PAPIER CELLOPHANE

◆

VAPORISATEUR À EAU

◆

PAPIER, CRAYON ET MONTRE

Le secret du ver de terre

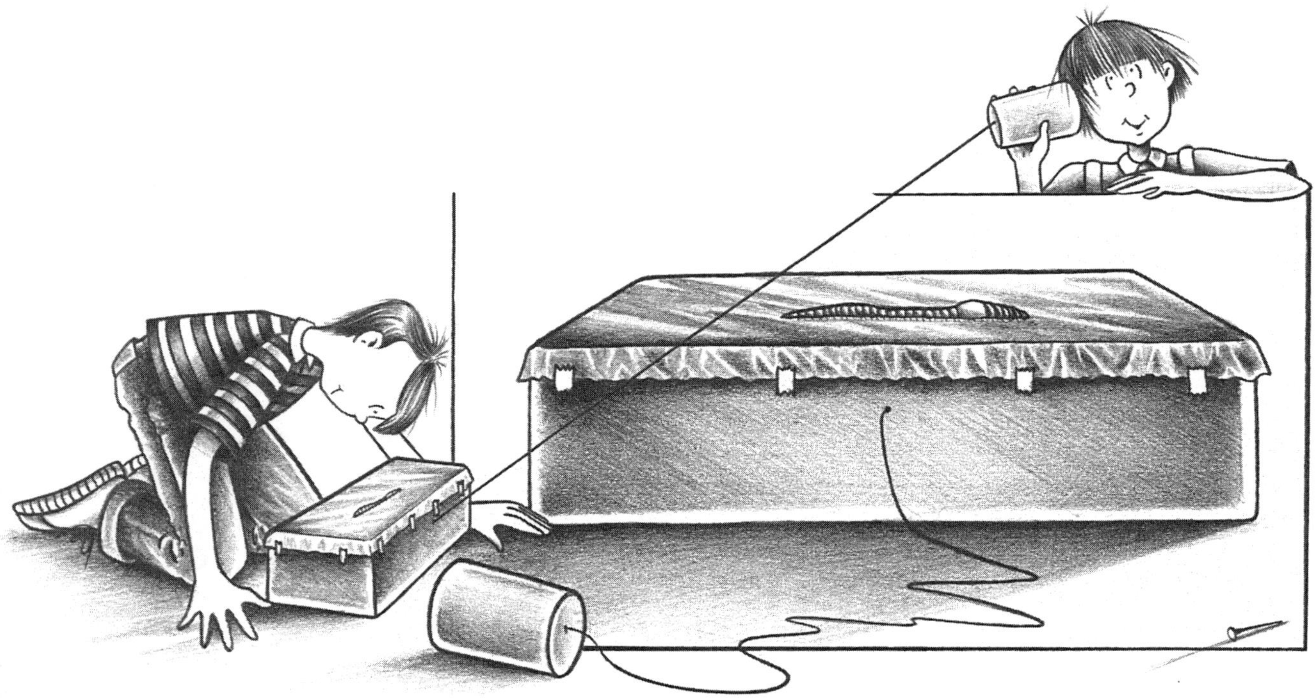

Matériel

- 1 BOÎTE À CHAUSSURES
- PAPIER D'ALUMINIUM
- 1 VERRE DE CARTON
- 60 CM DE FIL À COUDRE
- 1 CURE-DENT COUPÉ EN DEUX
- 1 CLOU
- PAPIER COLLANT
- 1 LOUPE DE POCHE
  OU
  1 LOUPE BINOCULAIRE
  (FACULTATIF)

Observe un ver de terre qui se déplace. Il étire une partie de son corps, puis la contracte et recommence. Il ne déplace jamais tout son corps à la fois. Comment fait-il pour ne pas glisser ? Aimerais-tu que le ver de terre te dise lui-même son secret...au téléphone ?

À l'aide du clou, perce un petit trou au centre d'un des côtés de la boîte à chaussures. Insère le fil dans le trou et attache-le à une moitié du cure-dent pour le retenir. Perce ensuite un petit trou au fond du verre de carton. Insères-y l'autre extrémité du fil et attache-la à l'autre moitié du cure-dent. Recouvre le dessus de la boîte de papier d'aluminium en le fixant avec le papier collant. Place le ver de terre sur le papier d'aluminium. Tu es maintenant prêt à recevoir un appel du ver de terre !

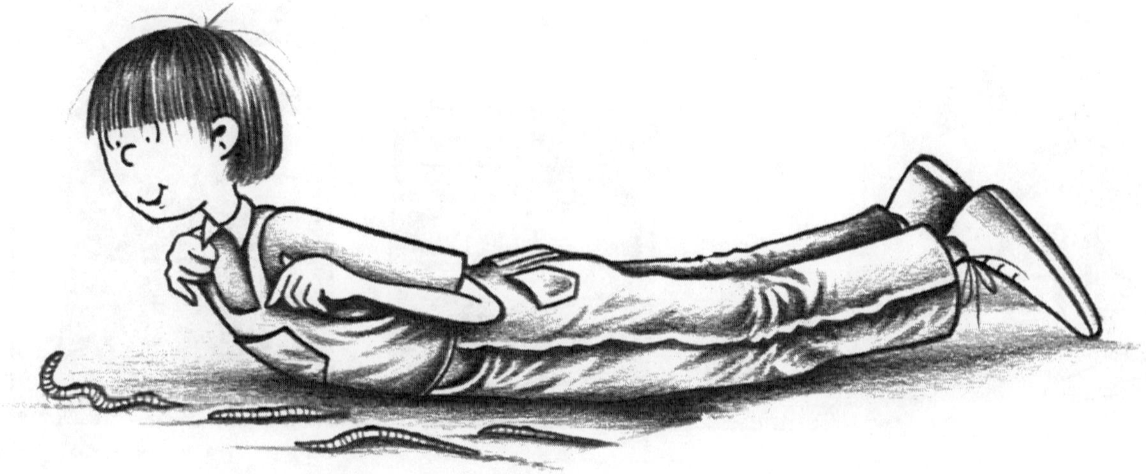

Après avoir tendu le fil au maximum, approche le verre de ton oreille et écoute attentivement. Tu entendras de légers grattements sur le papier qui seront amplifiés par ton appareil. Pour mieux comprendre le message du ver de terre, passe ton doigt sur son ventre en faisant un aller-retour. Sens-tu que c'est un peu plus rude quand ton doigt va de l'arrière vers l'avant ?

En observant bien le dessous du ver de terre à l'aide d'une loupe de poche ou d'une loupe binoculaire, tu découvriras la présence de soies. Ces soies permettent à l'animal de s'agripper pour avancer. Il en a 2 paires par segment. C'est ça, son secret !

Le ver laboureur

Matériel

◆

2 POTS ÉTROITS ET TRANSPARENTS EN PLASTIQUE, D'UNE HAUTEUR D'AU MOINS 20 CM

◆

DIFFÉRENTES SORTES DE SABLE (BRUN, BLANC) ET DE TERRE (NOIRE, BRUNE)

◆

FEUILLES MORTES

◆

2 FEUILLES DE PAPIER NOIR

◆

PAPIER CELLOPHANE

◆

PAPIER COLLANT

◆

1 GROSSE AIGUILLE

◆

2 ÉLASTIQUES

Remplis les 2 pots de la même façon en faisant alterner différentes couches de terre et de sable. Dépose en surface des feuilles mortes émiettées. Arrose un peu si c'est trop sec, mais sans détremper. Place 4 vers dans un des pots; n'en mets aucun dans l'autre. Recouvre-les tous les 2 de papier cellophane retenu par un élastique, puis perce de petits trous avec la grosse aiguille pour aérer sans trop perdre d'humidité. Enroule une feuille de papier noir autour de chacun des pots en la fixant avec du papier collant. Tu enlèveras le papier noir chaque jour pour observer ce qui se passe dans le pot contenant les vers de terre. Veille à bien le remettre en place ensuite. Au bout de 2 ou 3 semaines, compare le contenu des 2 pots.

Tu constateras que le ver de terre est un excellent laboureur. En quelques semaines, il aura parfaitement mélangé les différentes sortes de sable et de terre.

Toute sa vie, le ver mange et décompose la matière végétale, qu'il mêle à la terre. En creusant ses tunnels, il aère le sol et le rend plus léger. Les racines des plantes peuvent ainsi recevoir l'oxygène dont elles ont besoin et pénétrer plus facilement dans le sol.

LES MOLLUSQUES

Le mot mollusque vient du terme latin *mollusca*, qui signifie «à corps mou». C'est pour protéger leur chair tendre que plusieurs de ces animaux vivent dans une coquille.

Les caractéristiques des mollusques

Les mollusques sont des invertébrés à corps mou. Contrairement à celui du ver de terre, leur corps n'est pas divisé en segments. Il comprend 3 grandes régions : la tête, le pied et le manteau, qui renferme tous les organes internes. Chez certains mollusques, le manteau sécrète le calcaire qui forme la coquille.

Il y a beaucoup de sortes de mollusques. Certains sont végétariens et d'autres carnivores. D'autres encore se nourrissent en filtrant les algues et les plantes aquatiques.

Le milieu de vie des mollusques

Des mollusques, on en trouve partout. Bien que ces animaux vivent en eau douce ou salée, quelques espèces préfèrent la terre ferme. Parmi les mollusques, les gastéropodes (escargots et limaces) sont des animaux à la fois aquatiques et terrestres. Quant aux bivalves (moules), ils vivent essentiellement dans l'eau. Les plus gros mollusques sont les céphalopodes (pieuvres et calmars), dont la mer est l'habitat.

La limace et l'escargot terrestres

On les appelle parfois limaçon et colimaçon. Beaucoup de gens confondent les limaces et les escargots. Il s'agit en effet d'animaux très semblables. On pourrait même dire pour badiner que l'escargot se cache dans une coquille pour éviter d'être pris pour une limace !

Les caractères particuliers de la limace et de l'escargot

Les escargots sont de couleur brune ou beige et mesurent de 2 à 5 cm. Les limaces sont soit grises, soit brunes ou brun orangé, et mesurent entre 1 et 15 cm. Dans un cas comme dans l'autre, le corps se compose d'une tête, d'un pied et d'une masse de tissus appelée manteau et comprenant tous les organes internes de l'animal. La tête porte 2 paires de tentacules ressemblant à des antennes. Chaque tentacule supérieur (oculaire) se termine par un petit renflement qui constitue l'oeil de l'animal, dont la vision est très réduite. Les escargots et les limaces se servent surtout des 2 tentacules inférieurs (sensoriels), ordinairement plus petits, pour bien percevoir leur milieu, le sentir et le palper. La bouche de l'animal est située sous les petits tentacules. Elle comprend une espèce de langue rugueuse appelée radula.

Chez la limace, le reste du corps, où sont situés les organes internes de l'animal, est recouvert d'un manteau, sorte de repli couvrant le dos. Chez l'escargot, le manteau est enfermé dans une coquille en forme d'hélice, d'où l'emploi du terme colimaçon pour désigner l'animal. Cette coquille dont se sert l'escargot pour se protéger contre ses ennemis lui permet également de s'abriter en milieu humide en cas de sécheresse prolongée. Certains escargots possèdent même une petite plaque pour fermer l'ouverture de la coquille lorsqu'ils s'y enferment. Cette petite porte s'appelle l'opercule.

En observant une limace ou un escargot de plus près, tu remarqueras la présence de petits trous. Le trou situé près de la tête est l'orifice génital. C'est par là que l'animal s'accouple et pond ses oeufs. Bien qu'ils soient hermaphrodites, c'est-à-dire qu'ils possèdent chacun les 2 sexes, ces animaux doivent s'accoupler pour se reproduire. L'un des trous situé près du manteau sert à la respiration; il est relié aux poumons. L'autre, qui communique avec l'intestin, permet l'évacuation des déchets.

Les limaces et les escargots sécrètent un liquide visqueux qui les empêche de se blesser dans leurs déplacements, même sur des surfaces rugueuses.

Leur habitat

Les limaces sont principalement des animaux terrestres, bien que certaines vivent dans la mer. Quant aux escargots, il y en a aussi bien sur terre que dans les eaux des lacs, des ruisseaux et de la mer. Les limaces et les escargots terrestres aiment beaucoup l'humidité. On en rencontre surtout dans les forêts humides et au bord des fossés ou des cours d'eau.

Leur importance dans la nature

Les limaces et les escargots terrestres jouent un rôle important dans la nature. Ce sont de véritables vidangeurs. Ils nettoient sans cesse l'environnement en mangeant des feuilles, des champignons et beaucoup de plantes mortes. Malheureusement, ils aiment aussi les plantes vivantes. Dans les jardins trop humides, ils n'hésitent pas à s'attaquer aux laitues, choux et autres plantes qu'ils affectionnent. Ils servent de nourriture aux grenouilles, salamandres, tortues, souris, écureuils et oiseaux, et même aux humains.

CARTE D'IDENTITÉ

Limace
(Limaçon)
Limax sp.
Slug

Sexe: hermaphrodite
(à la fois mâle et femelle)
Taille: 1-15 cm
Couleur: gris, brun ou orangé
Lieu de naissance: dans les champs et les forêts humides

Classe: Gastéropodes
Ordre: Stylommatophores
Famille: Limacidés

ANATOMIE

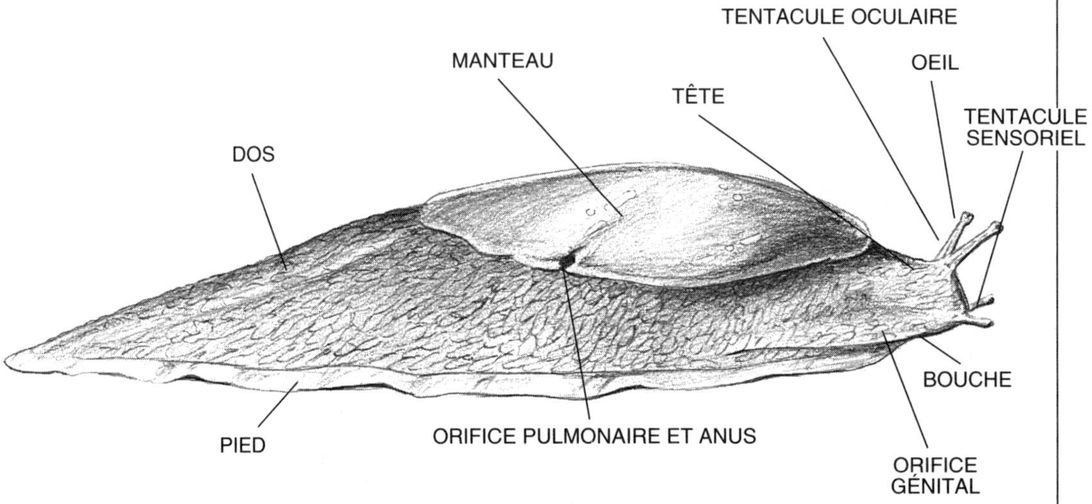

CYCLE DE VIE

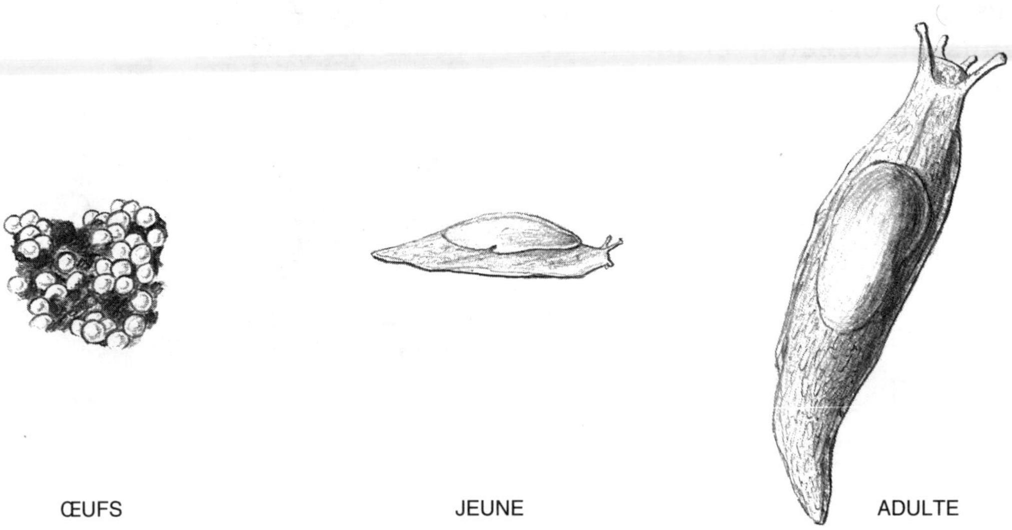

CARTE D'IDENTITÉ

Escargot
(Colimaçon)
Tridopsis sp.
Snail

Sexe : hermaphrodite (à la fois mâle et femelle)
Taille : 2-5 cm
Couleur : brun ou beige
Lieu de naissance : dans les forêts humides

Classe : Gastéropodes
Ordre : Stylommatophores
Famille : Polygyridés

ANATOMIE

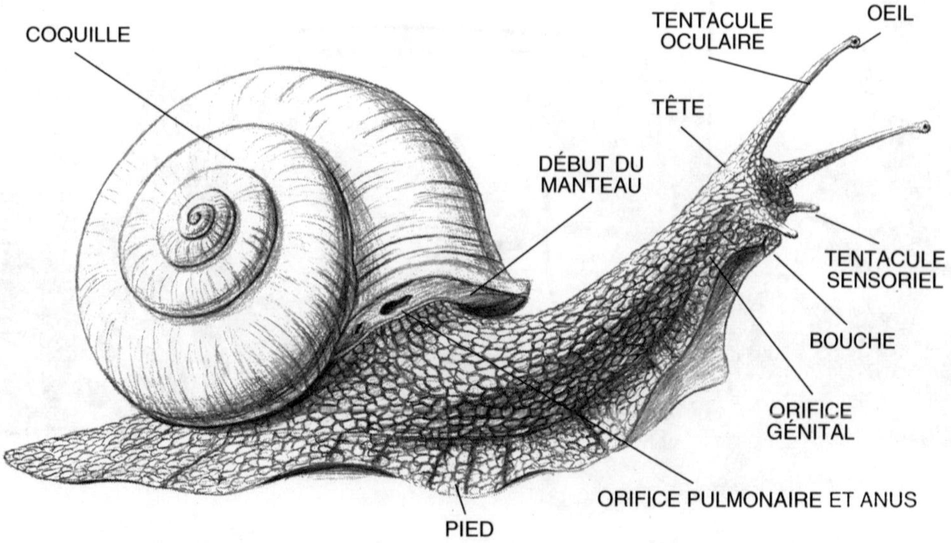

CYCLE DE VIE

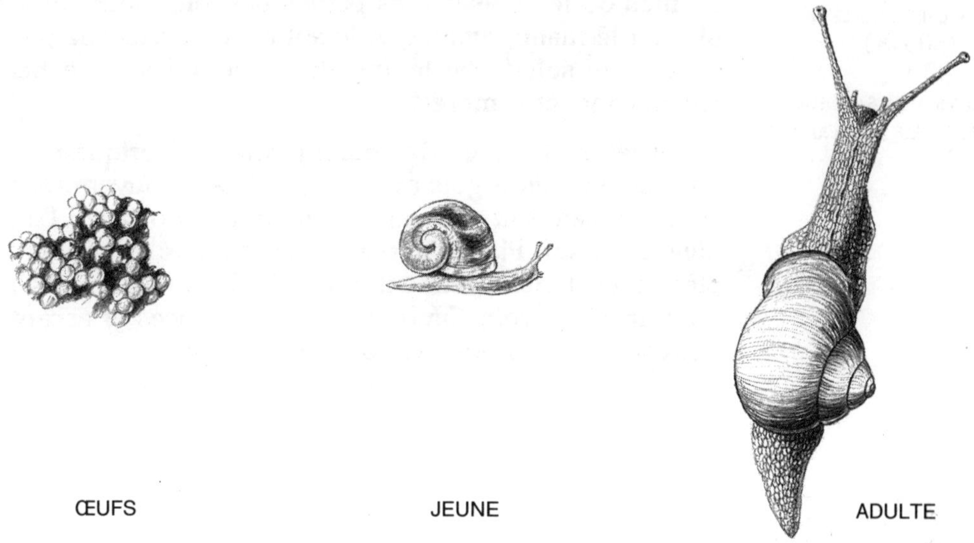

La capture

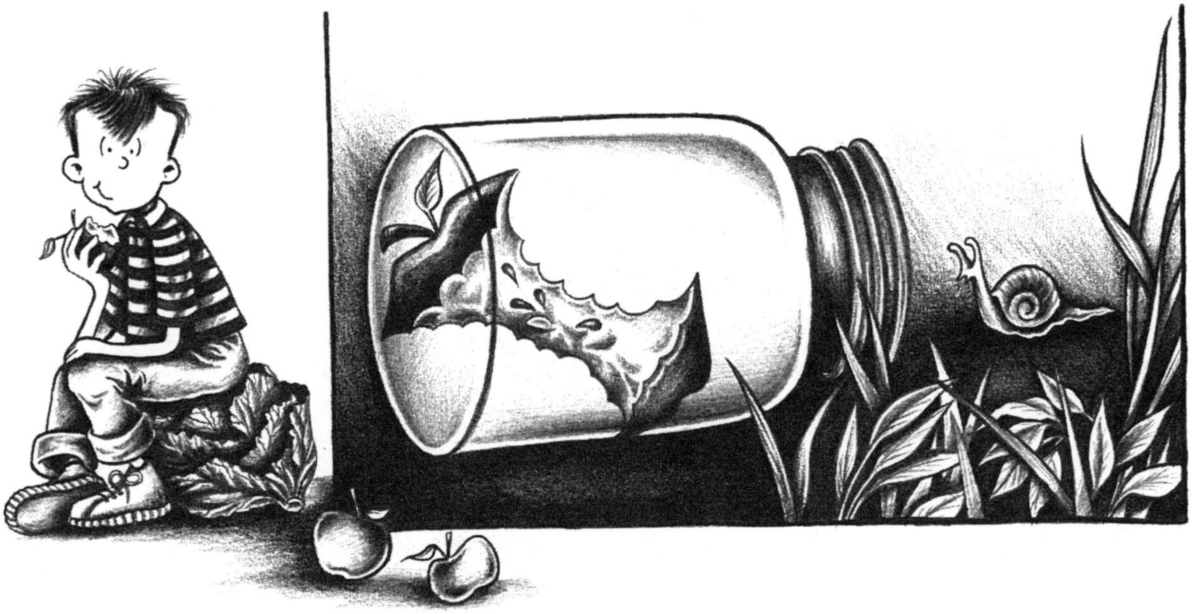

Matériel

◆

1 POT À LARGE OUVERTURE (500 ML)

◆

QUELQUES APPÂTS : COEUR DE POMME, FEUILLE DE CHOU, ETC.

Par une journée pluvieuse, tu trouveras facilement des limaces ou des escargots au bord des fossés, au jardin, dans les champs ou les boisés. Ces petites bestioles sont aussi assez visibles tôt le matin, avant que le sol n'ait été asséché par les rayons ardents du soleil. Par temps ensoleillé, elles se cachent dans les recoins frais et sombres.

Si tes recherches demeurent vaines, fabrique-toi un piège à limaces ou à escargots avec un pot à large ouverture. Après avoir choisi un endroit ombragé, couche ton pot avec l'ouverture au niveau du sol. Place l'appât de ton choix à l'intérieur. Laisse ton piège à l'extérieur pendant une nuit. Si tu ne captures rien, essaie à un autre endroit. Capture de 2 à 4 limaces et escargots afin de pouvoir faire des observations intéressantes.

L'élevage

Pour conserver des limaces ou des escargots (de 2 à 4) pendant quelque temps, il suffit de les mettre dans un pot avec un peu de nourriture. Perce des trous dans le couvercle avec ton clou pour assurer une bonne aération.

Si tu veux conserver tes prises plus longtemps, tu dois leur fabriquer un vivarium. Mets d'abord de 2 à 3 cm de gravier au fond d'un aquarium ou d'un pot de 4 litres. Ajoute un peu d'eau, mais sans couvrir le gravier. Place un tube à la verticale contre la paroi et ajoute une couche de terre de 5 à 8 cm. Dépose ensuite quelques feuilles mortes en surface et humecte légèrement la terre et les feuilles. Assure-toi régulièrement qu'il y a toujours de l'eau dans la couche de gravier. Ajoutes-en au besoin par le tube avec un entonnoir. Recouvre le tout du couvercle troué pour conserver l'humidité.

Réalise l'activité *Une question de goût* pour savoir comment nourrir tes invités. Les escargots ont une coquille consiituée de calcium, dont ils ont un besoin constant. Tu peux leur en fournir en plaçant dans ton vivarium un morceau de plâtre de Paris ou un os de seiche.

Matériel

◆

1 POT DE 4 LITRES
AVEC SON COUVERCLE
OU 1 AQUARIUM COUVERT

◆

GRAVIER

◆

TERRE

◆

QUELQUES FEUILLES MORTES

◆

PLÂTRE DE PARIS OU OS DE SEICHE
(VENDU À L'ANIMALERIE)

◆

NOURRITURE
(CAROTTE, FEUILLE DE CHOU)

◆

1 TUBE DE PLASTIQUE

◆

1 ENTONNOIR

◆

1 CLOU

Une question de goût

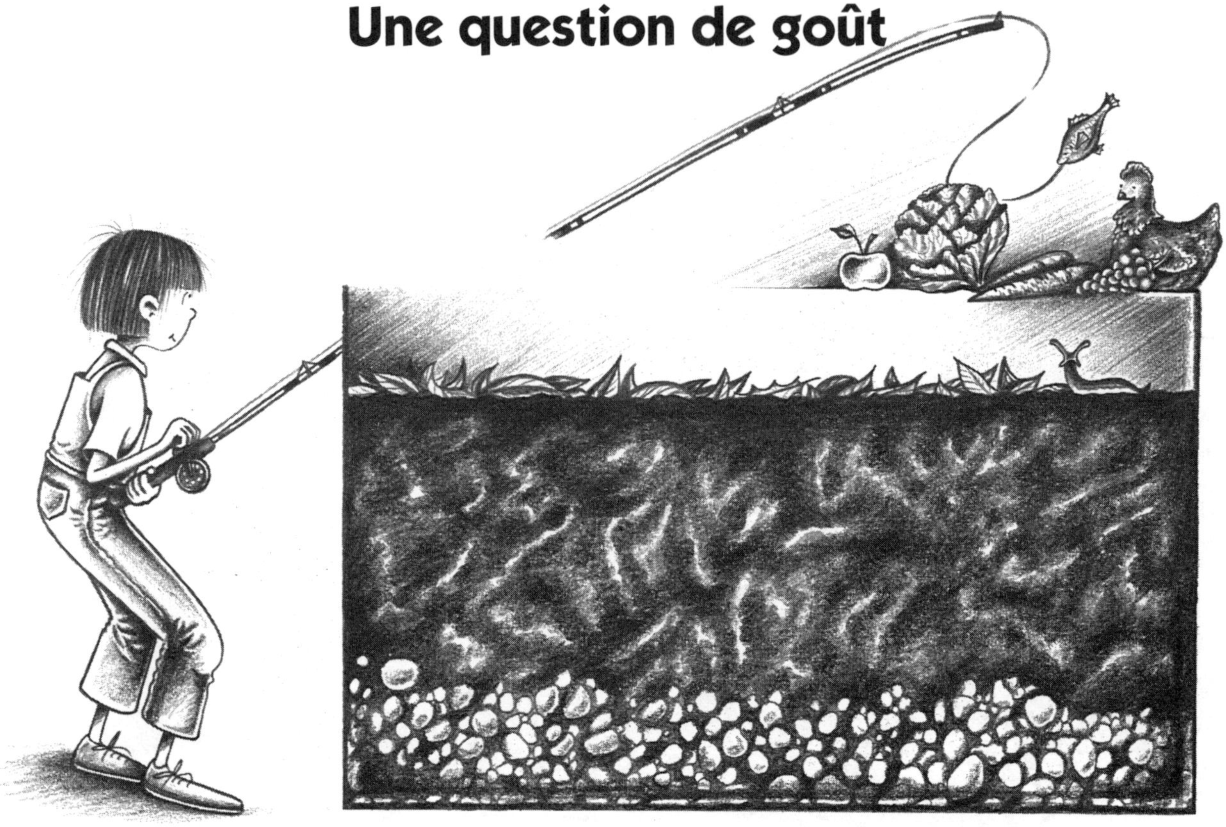

Matériel

◆
1 VIVARIUM
◆
DIFFÉRENTS ALIMENTS

Pour savoir si tu as affaire à un carnivore ou à un végétarien, offre à ton escargot ou à ta limace différents aliments provenant du monde animal et du monde végétal. Choisis toujours des aliments que nous mangeons nous-mêmes, par exemple : pomme, chou, laitue, carotte, épinard, poisson, poulet. Comme ces aliments se gâtent vite, ne les laisse pas trop longtemps dans le vivarium. Évite d'offrir des friandises à ton pensionnaire.

Cette activité t'apprendra quelle est la nourriture préférée de l'escargot et de la limace.

Une question de flair

Trace un petit cercle au centre de la feuille de papier posée sur une table. Place un morceau du même aliment dans chacune des bouteilles. Fermes-en une hermétiquement et couche-la au bord de la feuille, le fond tourné vers le cercle. À une distance égale du cercle mesurée avec la règle, place l'autre bouteille que tu laisseras ouverte, le goulot tourné vers le cercle. Pose un escargot ou une limace au centre du cercle et note vers laquelle des bouteilles il se dirige. Répète l'expérience plusieurs fois.

Comme tu le constateras, ces animaux ne voient pas tellement bien. Pour trouver leur nourriture, ils se laissent guider par leur odorat, situé dans leurs tentacules inférieurs.

Matériel

◆

2 BOUTEILLES DE MÉDICAMENTS VIDES ET 1 COUVERCLE

◆

1 FEUILLE DE PAPIER

◆

2 MORCEAUX D'UN ALIMENT QUE L'ANIMAL AIME (EX. : FRAISE)

◆

1 RÈGLE

◆

PAPIER ET CRAYON

Sens-moi ça

Matériel

◆
1 MORCEAU DE MELON, DE POMME, DE CHOU
◆
1 RÈGLE DE 30 CM

Place un morceau de melon à 5 cm d'un escargot ou d'une limace. S'il le trouve et commence à le manger, refais la même expérience en plaçant le morceau de melon à 10 cm de lui. Éloigne progressivement le morceau de melon de 5 cm à la fois. À quelle distance cessera-t-il de sentir ton melon ?

Notre ami n'a pas un odorat très perfectionné. Il aura de plus en plus de difficulté à trouver ton morceau de melon à mesure que s'élargira l'écart qui l'en sépare. Penses-tu que les résultats seraient aussi bons avec un aliment qui sent moins fort que le melon ? Essaie avec un morceau de pomme ou de chou, par exemple.

Sec ou humide ?

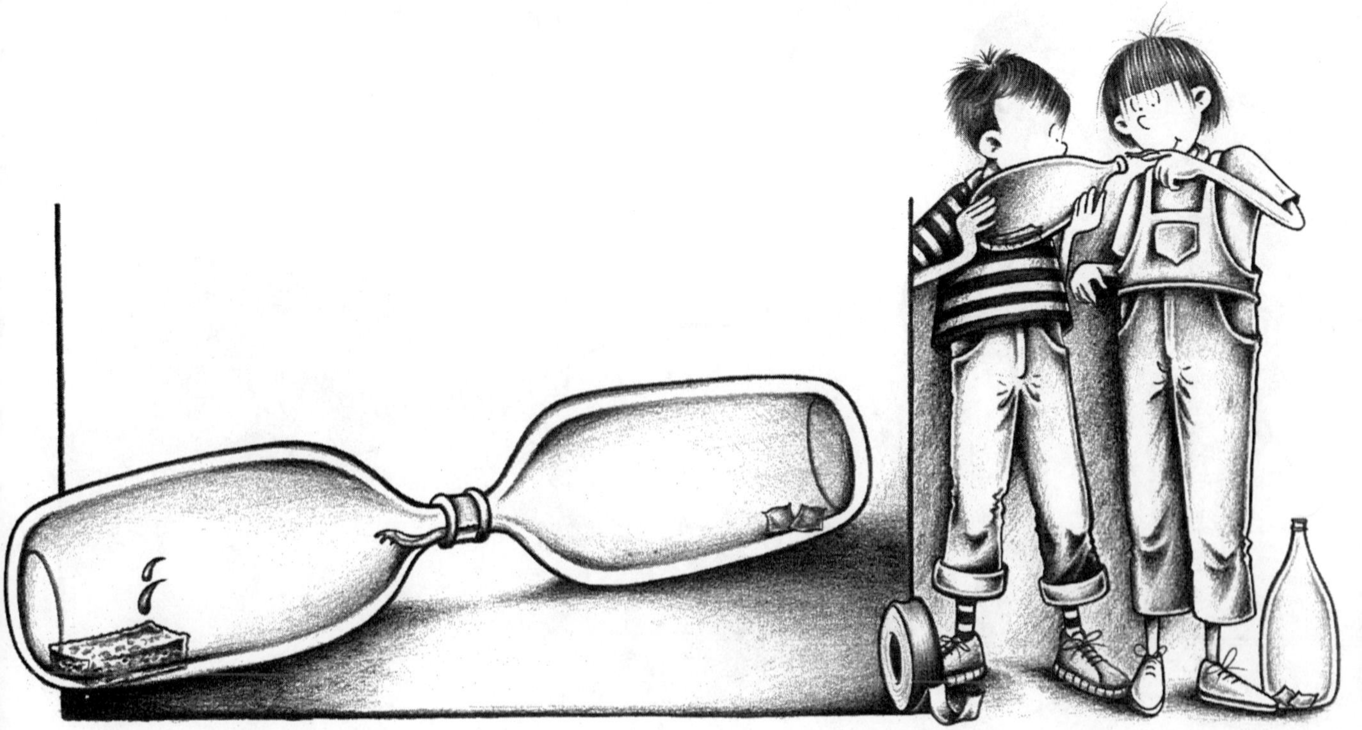

Découpe le fond des bouteilles avec les ciseaux. Place l'éponge humide dans l'une des bouteilles et les sachets déshydratants dans l'autre (n'ouvre surtout pas ces sachets, le silice pourrait blesser ton animal). Recolle les fonds avec du papier collant.

Introduis un escargot ou une limace dans une des 2 bouteilles; tu relieras ensuite celles-ci avec du papier collant comme sur l'illustration. Ne touche plus à rien et note où se trouve l'escargot ou la limace chaque demi-heure pendant 2 heures.

Ton ami a une peau très sensible à la sécheresse qui lui fait préférer les endroits humides dans la nature. Tu devrais donc le voir plus souvent dans la bouteille où se trouve l'éponge. Mais comme c'est un petit curieux qui aime explorer, tu le trouveras parfois dans la bouteille où l'air est plus sec.

Matériel

- 2 bouteilles en plastique transparent (1 litre)
- 1 éponge humide
- 2 ou 3 sacs déshydratants (sachets de silice placés dans les bouteilles de médicaments ou les boîtes d'emballage des appareils-photo, pour chasser l'humidité)
- 1 paire de ciseaux
- papier collant
- papier, crayon et montre

Clair ou obscur ?

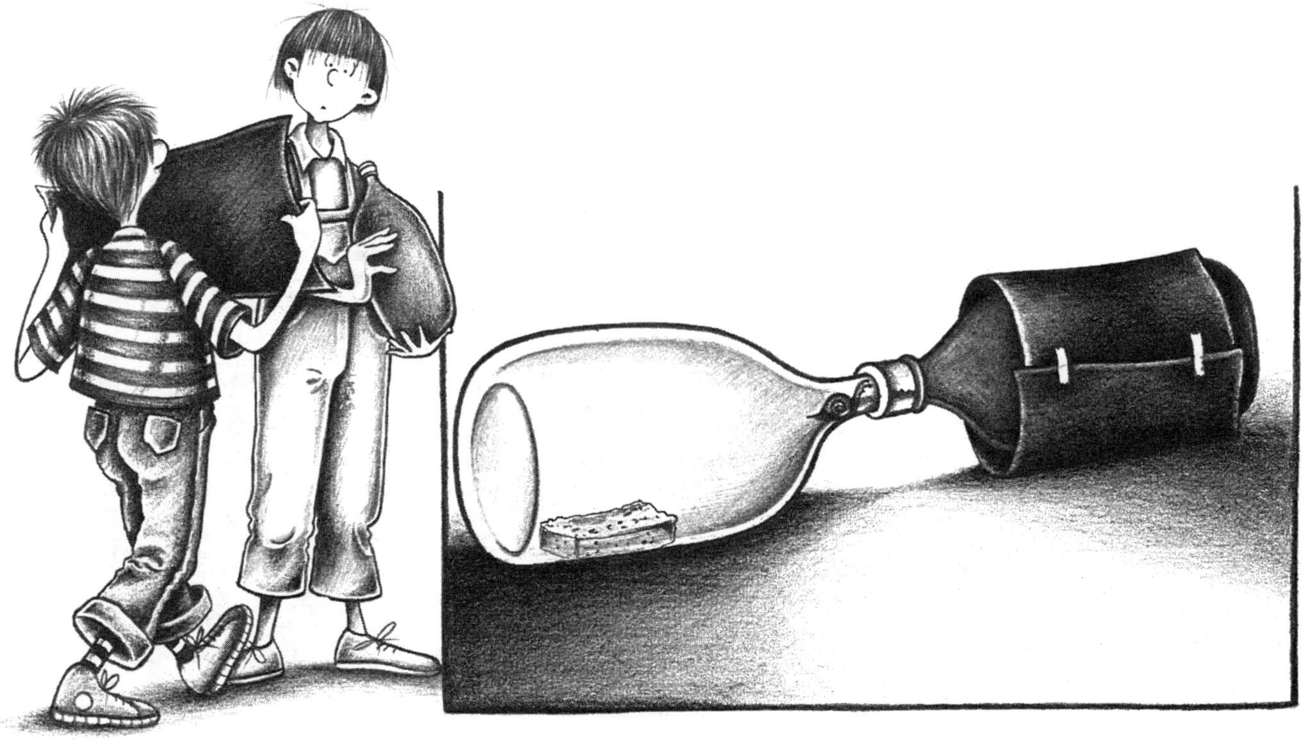

Matériel

1 BOUTEILLE EN PLASTIQUE TRANSPARENT (1 LITRE)

1 BOUTEILLE EN PLASTIQUE OPAQUE (1 LITRE)

2 ÉPONGES HUMIDES

1 PAIRE DE CISEAUX

PAPIER COLLANT

TISSU OU CARTON NOIR

PAPIER, CRAYON ET MONTRE

Réalise un montage semblable à celui de l'expérience *Sec ou humide ?* en te servant d'une bouteille opaque et d'une bouteille transparente. Place une éponge humide dans chacune; cette fois-ci, n'emploie pas de sachets déshydratants. Si la bouteille opaque laisse passer la lumière, recouvre-la d'un tissu ou d'un carton noir. Note l'endroit où se trouve l'escargot ou la limace chaque demi-heure pendant 2 heures.

Tu constateras que ton pensionnaire n'a pas de préférence pour la lumière ou pour l'obscurité. Ce qui compte pour lui, c'est l'humidité. C'est pourquoi lui et ses semblables sortent aussi bien le jour que la nuit par temps humide.

Chaud ou froid ?

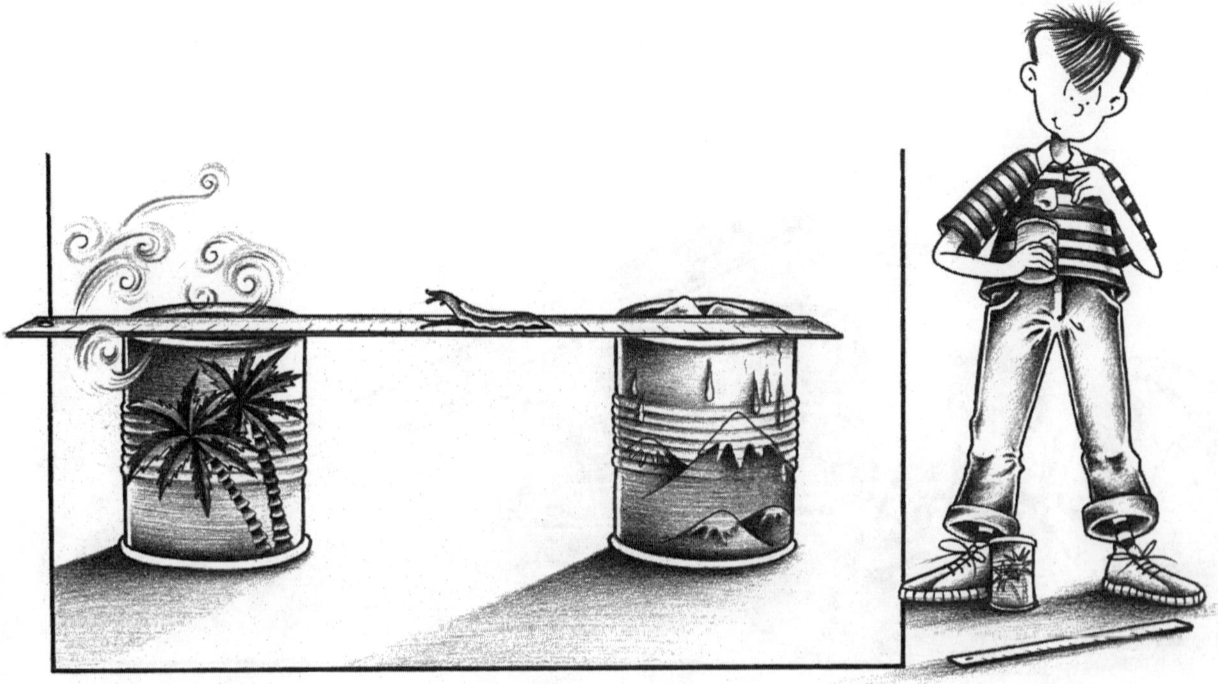

Remplis à ras bords les deux boîtes de conserve, l'une de glace, l'autre d'eau chaude. Fabrique une passerelle entre les deux boîtes avec ta règle. Dépose un escargot ou une limace au centre de la passerelle. Comme le métal transmet bien la chaleur ou le froid, la passerelle sera très froide à une extrémité et très chaude à l'autre. Observe le comportement de l'animal. Où préfère-t-il se tenir ? Avec ton thermomètre, vérifie la température de la règle à cet endroit.

Dans la nature, ton ami serait actif à des températures de 18 à 22 °C. C'est donc dans la zone correspondante de la passerelle qu'il se tiendra.

Matériel

- 2 BOÎTES DE CONSERVE VIDES
- GLACE ET EAU CHAUDE
- 1 RÈGLE MÉTALLIQUE OU 1 RÈGLE RECOUVERTE DE PAPIER ALUMINIUM
- 1 THERMOMÈTRE

Monter ou descendre ?

Matériel

◆

1 PLANCHETTE DE BOIS
OU 1 FEUILLE DE PLASTIQUE RIGIDE
(10 CM SUR 40 CM)

◆

1 RAPPORTEUR D'ANGLE
OU UNE RÈGLE

◆

QUELQUES LIVRES OU BLOCS

Fabrique un plan incliné en posant une extrémité de ta planchette de bois ou de ta feuille de plastique sur une pile de livres ou de blocs. Mesure la hauteur ou l'angle et observe de quelle façon un escargot ou une limace grimpe sur une pente. Commence par un angle d'environ 30°, que tu augmenteras progressivement.

Tu constateras qu'à un angle d'environ 45°, l'animal est porté à tourner pour descendre la pente. Celui-ci peut se maintenir sur une pente très raide, mais il se fatigue plus vite. C'est pourquoi il cherche à descendre.

Petit train va loin

Place un escargot ou une limace sur la feuille de papier quadrillé. Avec le crayon, marque son point de départ sur le papier. Au bout de 10 secondes, marque son point d'arrivée. Quelle distance a-t-il parcourue ? S'il tourne beaucoup, suis son trajet avec le crayon. Utilise ensuite la corde et la règle pour calculer la distance parcourue. Répète l'expérience à quelques reprises pour avoir une moyenne valable.

Quelle distance ton animal franchira-t-il en une minute ? Pourrais-tu trouver une limace ou un escargot plus rapide ?

Matériel

◆

1 FEUILLE DE PAPIER QUADRILLÉ

◆

1 CORDE DE 30 CM

◆

1 RÈGLE

◆

CRAYON ET MONTRE

Un excellent fakir

Matériel

◆

1 ROCHE FRAÎCHEMENT CASSÉE

Tu connais les fakirs qui peuvent se coucher sur une planche de clous dressés ? Eh bien, figure-toi que ton escargot ou ta limace peut en faire presque autant. Fais-le marcher sur le bord tranchant de la roche fraîchement cassée. Ton animal se déplacera sans se blesser, et à une vitesse qui te surprendra sans doute !

Dans la nature, l'escargot ou la limace doit souvent se déplacer sur des surfaces rugueuses. Il sécrète alors un mucus qui l'aide à mieux glisser. C'est une sorte de tapis amortisseur, imperméable et brillant, qu'il laisse sur son passage. Tu peux en voir des traces par terre, dans les champs ou les forêts.

À vos marques !

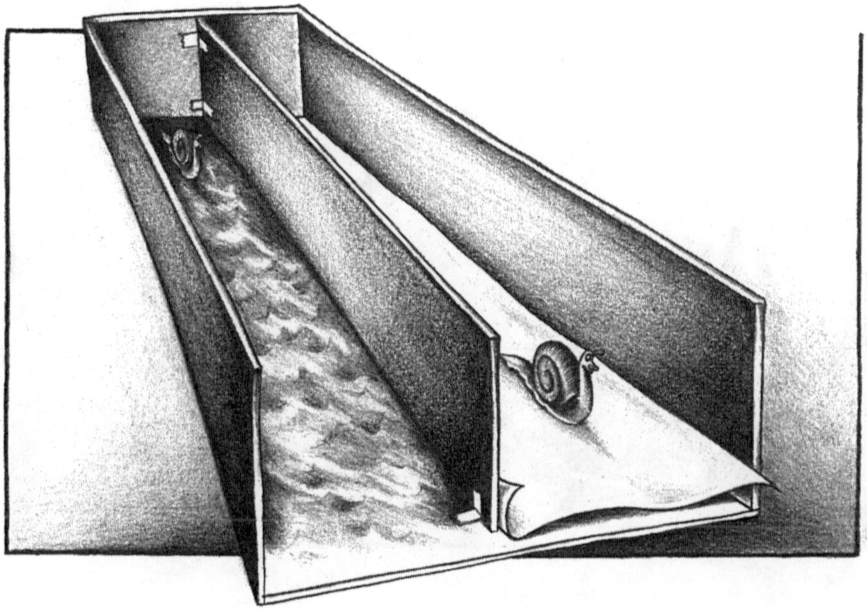

Organise une course de limaces ou d'escargots. Divise d'abord ta boîte en deux couloirs séparés par le carton rigide que tu fixeras avec du papier collant. Remplis l'un des couloirs de sable et couvre le fond de l'autre de papier glacé. Essaie de deviner lequel des «coureurs» arrivera le premier. Répète l'expérience avec d'autres surfaces.

Tu verras que tes limaces ou tes escargots se déplacent plus lentement sur une surface rugueuse ou moins ferme. Ils doivent en effet sécréter plus de mucus avec leur pied pour diminuer la friction et ne pas blesser leur peau fragile.

Matériel

◆

1 BOÎTE
(EX. : BOÎTE À CHAUSSURES)

◆

1 CARTON RIGIDE
DE LA LONGUEUR DE LA BOÎTE

◆

PAPIER COLLANT

◆

DIFFÉRENTES SURFACES :
SABLE, VERMICULITE, PAPIER GLACÉ, PAPIER MAT, PAPIER SABLÉ, VITRE, ETC.

Un tour de force

Matériel

- 1 petite boîte d'allumettes ou à bijoux vide
- quelques pièces de 1 cent
- 1 corde de 10 cm
- 1 règle
- 1 crayon
- papier collant

Fabrique un mini-traîneau avec la boîte et le bout de corde. Colle la corde sur la coquille d'un escargot avec le papier collant. Dépose une à la fois des pièces de 1 cent dans la boîte. Compte le nombre de pièces que ton ami peut tirer. Veille à ce qu'il ne se blesse pas en tirant trop fort.

Combien de fois son propre poids l'escargot peut-il tirer ? Pour le savoir, fabrique une balance avec la règle. Place le crayon sur une table et pose la règle en équilibre sur le crayon. Après avoir déposé l'escargot à un bout de la règle, empile des pièces de 1 cent à l'autre bout jusqu'à ce que les 2 poids s'équivalent. Il ne te reste plus qu'à diviser le nombre de pièces tirées par le nombre de pièces équivalant au poids de l'escargot.

LES ARTHROPODES

Les arthropodes doivent leur nom à leurs pieds articulés. C'est à ce groupe qu'appartient le plus grand nombre d'espèces animales. Plus de 75 % des animaux de la planète en font partie. L'apparence, le comportement et l'habitat des arthropodes varient énormément.

Tous ces animaux ont une peau dure qui constitue leur squelette externe. Ils n'ont pas de squelette interne. Leurs muscles sont attachés directement à cette peau rigide. Leur corps est séparé en différentes parties appelées segments. Leurs pattes sont articulées comme celles d'un pantin. Les arthropodes sont à la base de la chaîne alimentaire. Ils constituent une très importante source de nourriture pour beaucoup d'autres animaux.

Les arachnides

On confond souvent les représentants de cette classe d'arthropodes avec les insectes. Les uns et les autres habitent des milieux relativement semblables. Il suffit cependant d'examiner les arachnides de plus près pour voir ce qui les différencie des insectes.

Les caractéristiques des arachnides

Il est facile de distinguer au premier coup d'oeil les arachnides des insectes. Les premiers ont 8 pattes, soit 2 de plus que les insectes. La plupart des insectes ont des ailes, tandis que les arachnides n'en ont jamais. Chez les insectes, le corps est divisé en 3 parties; celui des arachnides en compte seulement 2. La première partie, où tête et thorax sont unis, se nomme le céphalothorax. La partie arrière, l'abdomen, peut être segmentée, comme chez les scorpions, ou ne pas l'être, comme chez certaines araignées.

Il y a 2 types de système respiratoire chez les arachnides. Les espèces aquatiques respirent par des branchies tandis que les espèces terrestres le font par des poumons en lamelles.

La majorité des arachnides sont carnivores. Après avoir tué leur proie, ils lui injectent une substance qui liquéfie ses organes et ses muscles. Il ne leur reste plus ensuite qu'à sucer le liquide.

Le milieu de vie des arachnides

La plupart des arachnides vivent sur terre; c'est le cas des araignées, des scorpions, des mites et des tiques. D'autres sont purement aquatiques; c'est le cas des limules et de quelques acariens.

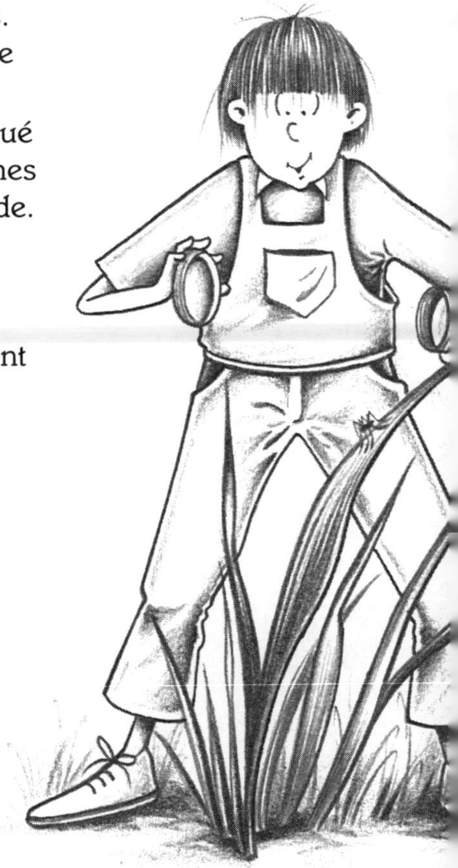

L'araignée

Les araignées forment un groupe très diversifié, quoique moins important que celui des insectes. Il existerait plus de 30 000 espèces d'araignées dans le monde.

Les caractères particuliers de l'araignée

Les araignées mesurent de 3 à 250 mm (mygale). Elles peuvent être de couleur brune, grise, noire ou rouge. L'araignée pond ses oeufs dans un cocon qu'elle attache à la végétation. De ces oeufs sortiront de petites araignées assez semblables aux adultes. Celles-ci subiront quelques mues avant d'atteindre la taille de leurs parents. Certaines espèces d'araignées portent leur cocon d'oeufs sous leur ventre pendant un certain temps afin de mieux le protéger.

L'araignée se sert de sa toile comme d'un piège pour attraper des insectes. À la base de son abdomen, près de l'anus, se trouvent un ou plusieurs petits tubes appelés filières. C'est de là que sortent les fils de soie sécrétés par les glandes de l'animal. Avec ces fils, l'araignée fabrique sa toile. Chaque espèce a sa façon de construire une toile. L'épeire diadème, par exemple, tisse une partie de sa toile avec un fil visqueux en forme de spirale qui retient les prisonniers. Les autres fils de la toile sont secs. D'autres araignées tissent une toile en forme d'entonnoir ou sans forme géométrique particulière. Dès qu'un animal est capturé, l'araignée lui injecte un liquide paralysant et l'emprisonne solidement dans ses fils.

Le fil de l'araignée est très résistant, il l'est même davantage qu'un fil d'acier de même diamètre. Certaines tribus d'Améri-

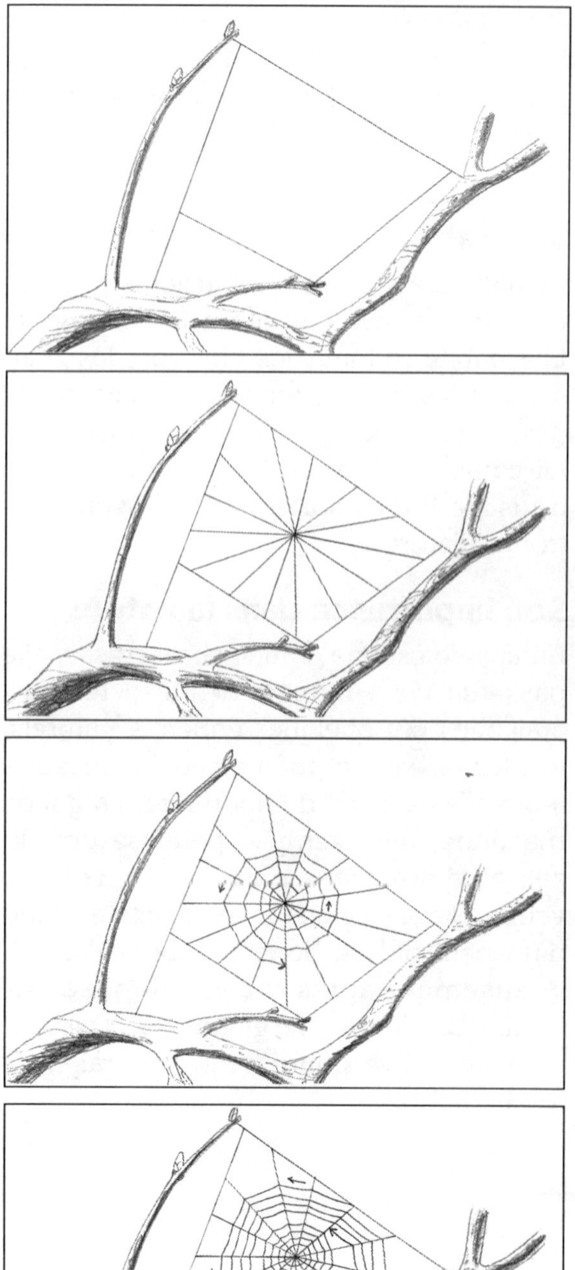

Étapes de construction de la toile de l'épeire diadème

que du Sud l'utilisent pour fabriquer des épuisettes. La quantité de fil de soie qu'une araignée peut produire dépasse l'imagination. On raconte qu'un scientifique s'amusa à dévider le fil d'une araignée. Il n'y parvint pas même après en avoir extrait 137 m à un rythme de 1,80 m/minute !

Son habitat

L'araignée est adaptée à plusieurs milieux. Elle vit à la ville comme à la campagne. Elle habite la forêt, les champs, les maisons et les milieux aquatiques. Les cimes des arbres et les hauteurs des immeubles lui conviennent aussi bien que le sol, les trous de toutes sortes et le dessous des troncs d'arbres.

Son importance dans la nature

L'araignée est une grande chasseresse; elle passe sa vie à manger des insectes. Les araignées ont quelques ennemis naturels, tels les oiseaux et même certains insectes à qui elles servent de nourriture. La guêpe maçonne, par exemple, paralyse des dizaines d'araignées en leur injectant un venin. Elle les emprisonne ensuite au fond d'un petit nid de boue qu'elle scelle soigneusement après y avoir déposé ses oeufs. Les larves de guêpe qui naissent dans ce nid se nourrissent des araignées ainsi paralysées.

Précautions à prendre

La plupart des araignées d'Amérique du Nord ne piquent pas les humains sauf si elles sont provoquées. La piqûre cause habituellement une légère irritation qui disparaît rapidement. Cependant, quelques-unes peuvent nous causer des désagréments plus graves. Apprends surtout à reconnaître la veuve noire à l'aide de l'illustration suivante, et tu pourras manipuler les autres araignées sans crainte.

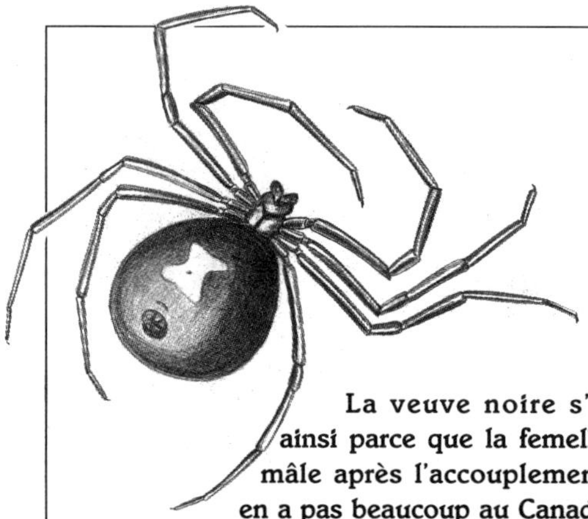

La veuve noire s'appelle ainsi parce que la femelle tue le mâle après l'accouplement. Il n'y en a pas beaucoup au Canada. On la signale surtout dans le sud-est du pays. C'est une araignée noire et globuleuse qui porte une tache rouge en forme de sablier sur l'abdomen. Elle tisse une toile enchevêtrée aux fils très résistants.

CARTE D'IDENTITÉ

Épeire diadème
(Araignée des jardins)
Argyope diadematus
Garden Spider

Sexe : mâle ou femelle
Taille : 11 à 18 mm
Couleur : brun avec motifs blancs et bruns
Lieu de naissance : sur les végétaux, dans les champs et les jardins

Classe : Arachnides
Ordre : Labidognates
Famille : Argyopidés

ANATOMIE

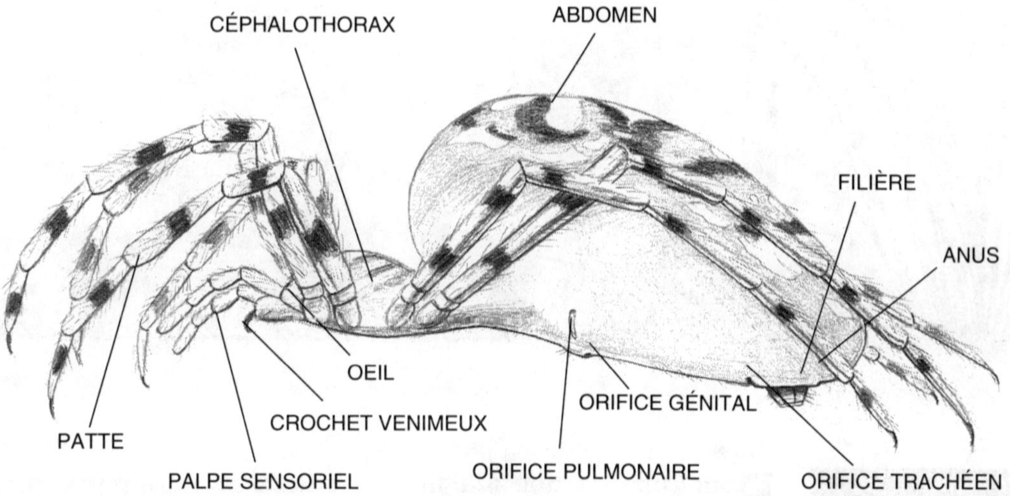

CYCLE DE VIE

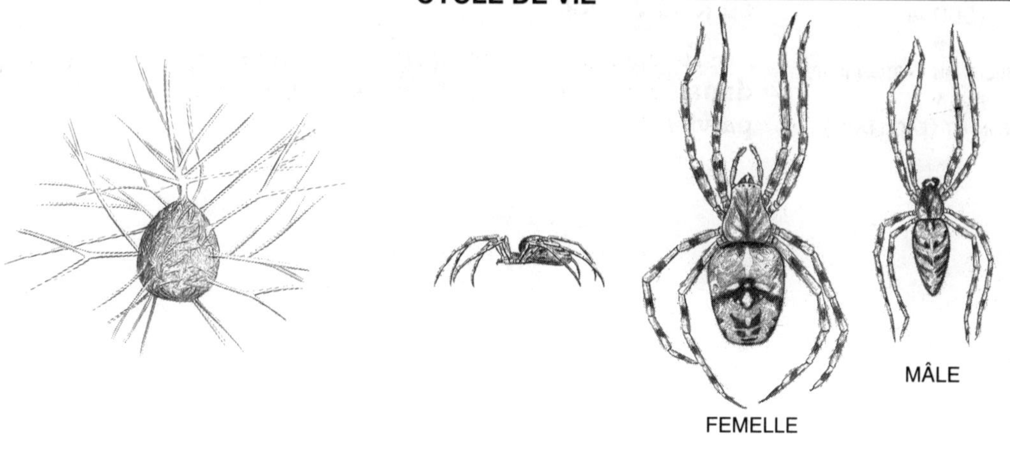

La capture

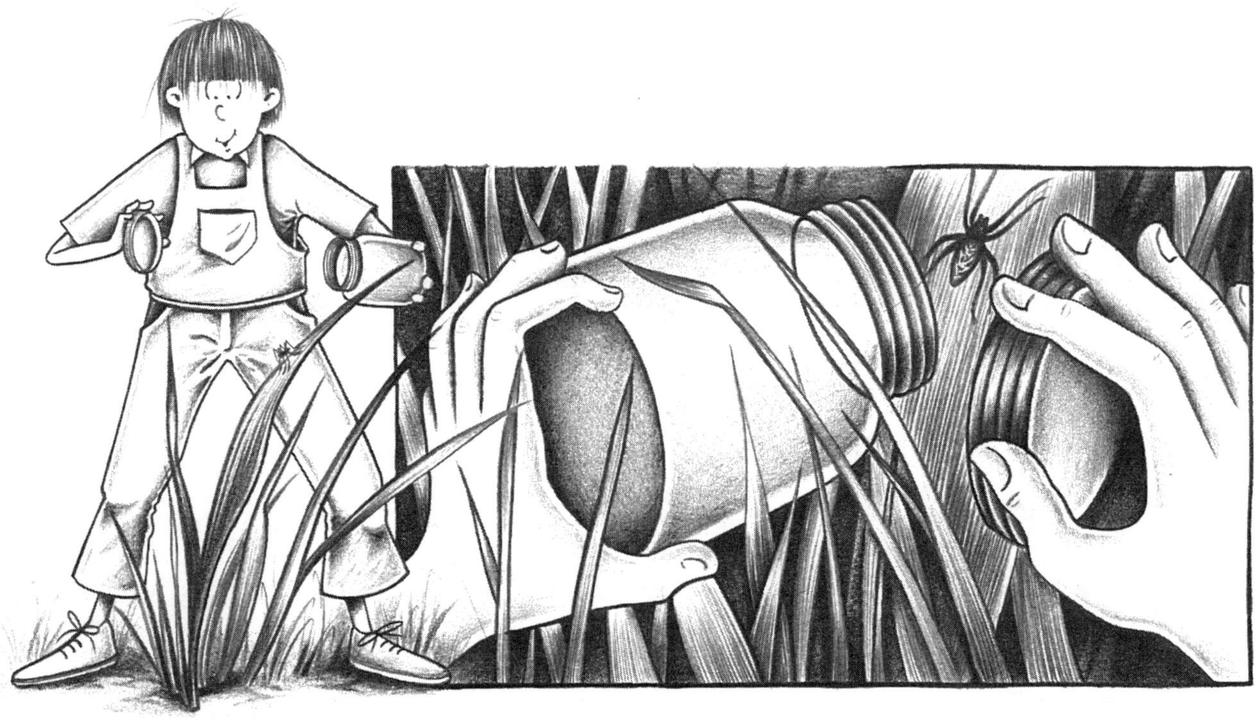

Matériel

◆

1 POT À LARGE OUVERTURE (500 ML)

◆

1 COUVERCLE OU CARTON RIGIDE

◆

1 BÂTONNET (FACULTATIF)

Pour capturer une araignée, il faut la prendre par surprise en approchant doucement l'ouverture de ton pot, puis en rabattant vivement sur elle le couvercle ou le carton. L'araignée tombera au fond du pot.

Tu peux également utiliser un bâtonnet pour la faire pénétrer dans le pot. Tu auras peut-être plus de difficulté, mais tu y parviendras.

L'élevage

Mets environ 5 cm de sable ou de terre dans le fond du pot. Enfonces-y quelques branchettes. Ton araignée pourra tisser sa toile dessus. Visse le couvercle après y avoir percé quelques trous avec le clou. Conserve le milieu humide en vaporisant un peu d'eau dans le pot avec ton vaporisateur. Il faut cependant éviter à tout prix que la terre ou le sable devienne détrempé.

Nourris ton araignée régulièrement en lui donnant de petits insectes vivants, comme des mouches, ou d'autres petites bestioles que tu captureras près d'une source lumineuse le soir. Il est important que ses proies soient fraîches afin qu'elle puisse se nourrir de leur liquide interne.

Matériel

- 1 POT À LARGE OUVERTURE AVEC SON COUVERCLE
- UN PEU DE SABLE OU DE TERRE
- QUELQUES BRANCHETTES
- 1 PETIT CLOU
- VAPORISATEUR À EAU

La capture et l'élevage sur cadre

Matériel

◆

1 CONTENANT
(PLATEAU CREUX OU
PLAT À VAISSELLE)

◆

1 CADRE DE CARTON OU DE BOIS
DE 30 À 40 CM
SUR 30 À 40 CM,
OU QUELQUES BAGUETTES DE BOIS

◆

BLOCS DE BOIS, BRIQUES OU
PIERRES

◆

PETITS CLOUS

◆

PAPIER COLLANT

◆

AGRAFEUSE

Tu peux aussi essayer de recueillir une araignée avec sa toile. Sers-toi d'un vieux cadre de photo ou fabrique un cadre toi-même en découpant un rectangle dans un grand carton rigide. Tu peux aussi demander l'aide d'un adulte pour fabriquer un cadre avec des baguettes de bois. Avec ton agrafeuse, fixe du papier collant sur le pourtour du cadre, côté collant vers l'extérieur.

Le moment est venu de trouver une araignée et sa toile près de chez toi. Applique délicatement le cadre contre la toile. Avec précaution, brise les attaches extérieures qui dépassent. Tu disposeras ainsi d'une splendide toile portative et de son occupante. Verse de 2 à 3 cm d'eau au fond de ton contenant. Fais tenir le cadre debout en le clouant sur des blocs de bois ou en le coinçant entre des briques ou des pierres. L'eau empêchera l'araignée de s'enfuir. N'oublie pas de nourrir ta pensionnaire en lui fournissant régulièrement des proies (petits insectes vivants).

Qui va là ?

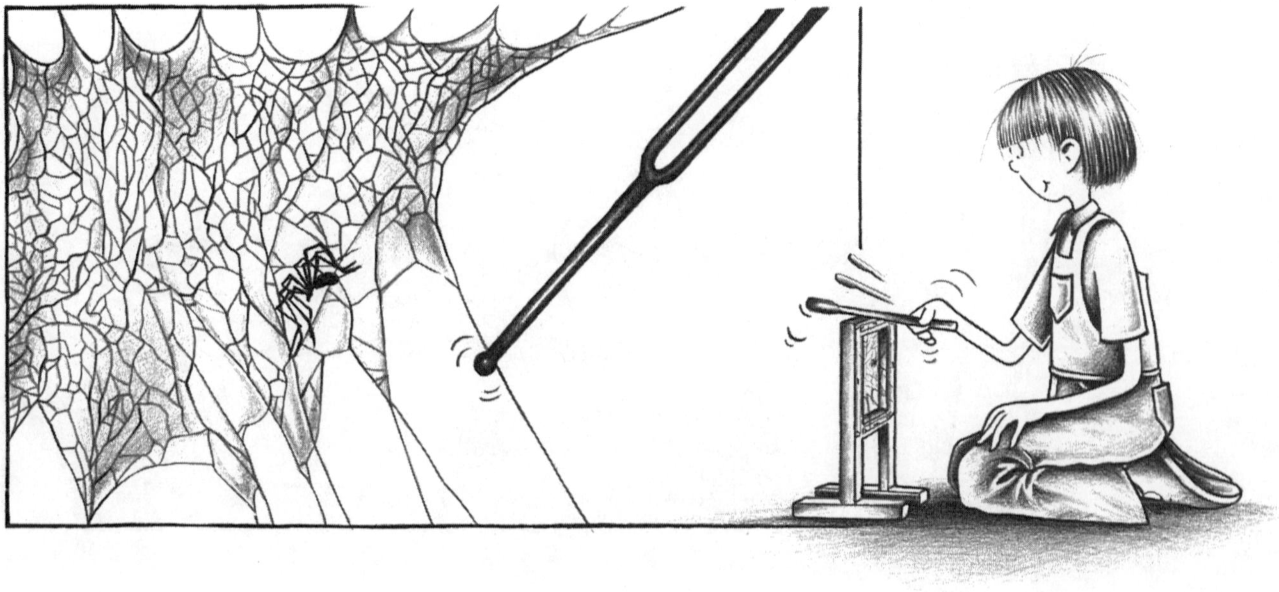

Les araignées sont carnivores. Leur toile leur sert à capturer des proies. En cherchant à se dégager, l'animal capturé fait vibrer la toile, ce qui avertit l'araignée de sa présence. Tu peux toi aussi faire vibrer la toile d'une araignée sans pour autant devenir sa proie !

Procure-toi un diapason. Fais-le vibrer en le frappant sur les jointures de tes doigts. Appuie délicatement la base du diapason près d'un point d'attache d'un fil de la toile. Si tu n'as pas de diapason, essaie de faire vibrer le cadre d'élevage d'une araignée avec un bâton. L'araignée viendra vite voir ce qui se passe.

Matériel

1 DIAPASON OU 1 BÂTON

Drôle de collection

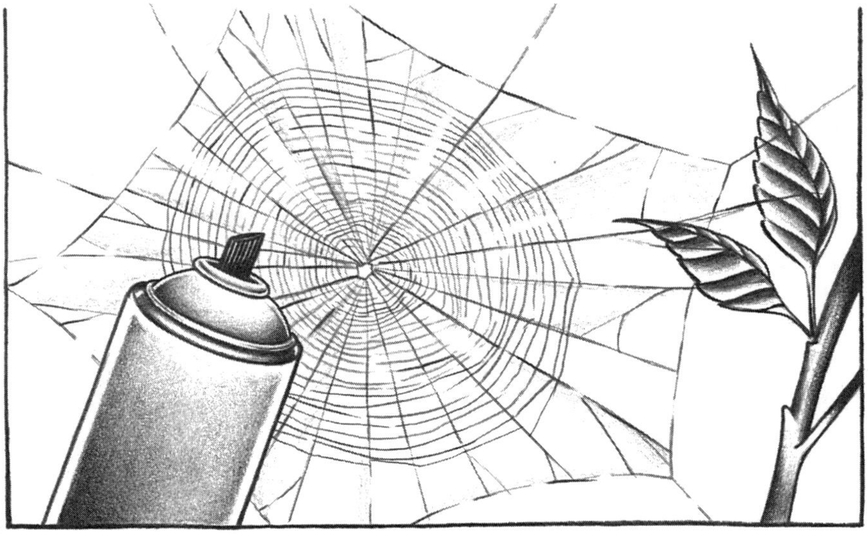

Matériel

◆
CARTONS NOIRS
◆
PEINTURE BLANCHE EN AÉROSOL
◆
TOILES D'ARAIGNÉE

Quand on pense à une toile d'araignée, ce qui vient d'abord à l'esprit, c'est la toile classique plus ou moins polygonale de l'épeire diadème (araignée des jardins). Les autres toiles sont souvent considérées comme de vulgaires «fils d'araignée».

Pour faire une collection de toiles d'araignée, tu dois capturer une araignée puis en faire l'élevage pendant quelques jours sur un cadre, le temps qu'elle tisse sa toile. Ensuite, relâche-la dans son milieu. Pour conserver la toile, transfère-la sur un carton noir. Place-toi d'abord à environ 1 m de la toile sur laquelle tu vaporiseras une très petite quantité de peinture blanche. Ensuite, approche délicatement le carton noir par l'arrière et presse-le contre la toile. La peinture fera coller la toile au carton. Coupe les fils qui dépassent.

Si tu veux te monter une collection complète, les illustrations de la page suivante devraient te faciliter la tâche.

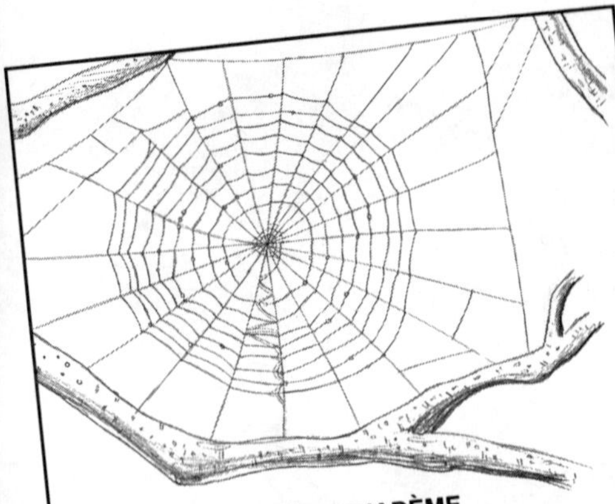

ÉPEIRE DIADÈME

L'épeire diadème (araignée des jardins) se reconnaît à la belle croix blanche qu'elle porte sur l'abdomen. Elle tisse sa toile avec des fils résistants et collants. On la retrouve dans les lieux découverts, sur les plantes basses.

TÉGÉNAIRE

La tégénaire tisse sa toile en forme d'entonnoir. Elle habite les greniers et les granges.

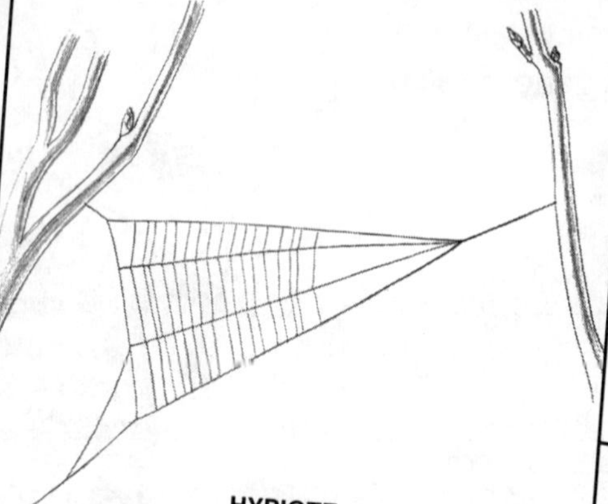

HYPIOTE

L'hypiote tisse une toile triangulaire. Elle vit dans les arbustes, sur les branches.

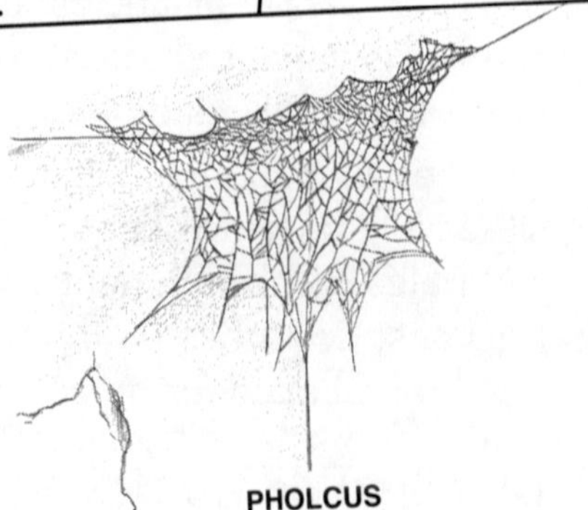

PHOLCUS

La pholcus, que tu reconnais à ses longues pattes, tisse sa toile en forme de réseau ou de mosaïque. Elle vit dans les coins sombres des maisons et des greniers..

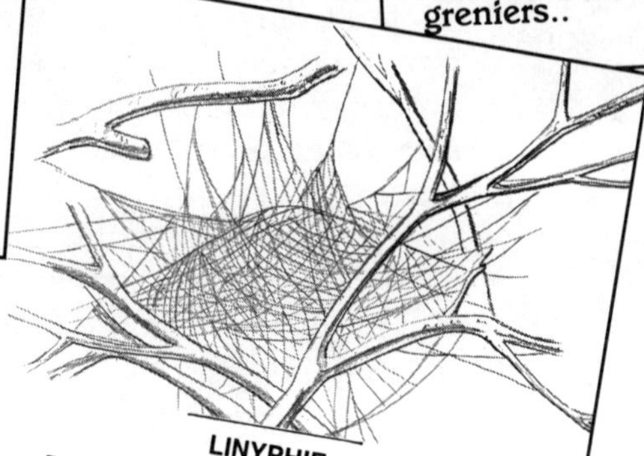

LINYPHIE

La linyphie se reconnaît au dessin allongé qu'elle a sur l'abdomen. Sa toile délicate, en forme de plate-forme, est difficile à voir. Elle vit sur les plantes des lieux frais et ombragés..

Les myriapodes

Le terme «myriapode» signifie «10 000 pieds». Mais ces arthropodes n'ont jamais un si grand nombre de pieds ou de pattes. Bien que la plupart des myriapodes aient entre 30 et 150 pattes, il en existe une espèce, le géophile, qui en a 724.

Les caractéristiques des myriapodes

Les myriapodes possèdent une tête distincte et un tronc divisé en segments. La tête, avec une seule paire d'antennes, est munie de mandibules ou grosses mâchoires servant à déchiqueter les aliments. Contrairement à celui des insectes, des crustacés et des araignées, le corps des myriapodes n'est pas divisé en parties distinctes. Il comprend plutôt plusieurs segments variant en nombre selon l'espèce. Chaque segment porte 1 ou 2 paires de pattes.

Les myriapodes respirent par des trous appelés stigmates situés à la base de chaque segment, près des pattes. Les stigmates communiquent avec des tubes intérieurs appelés trachées. Ces tubes ou trachées permettent à l'oxygène de pénétrer à l'intérieur du corps.

Le milieu de vie des myriapodes

Les myriapodes se rencontrent aussi bien dans les forêts humides des régions tropicales que dans les régions plus froides et tempérées du Nord. L'environnement humide assure le bon fonctionnement de leur système respiratoire. Ce sont des animaux nocturnes. On les trouve parfois dans les sous-sol humides des maisons.

Le centipède et le millipède

Les gens sont portés à donner indifféremment le nom de «mille-pattes» aux centipèdes et aux millipèdes. Pourtant, il est facile de les distinguer les uns des autres par leur comportement et par certains traits physiques extérieurs.

Les caractères particuliers du centipède et du millipède

Le centipède est un animal au corps plat, de couleur brune, qui mesure de 2 à 5 cm. Il n'a qu'une seule paire de pattes par segment. Le centipède est agile. Dès qu'il se sent menacé, il ondule sur le sol et se glisse entre les pierres pour se réfugier dans un creux. On dirait un petit train qui file à toute vitesse !

Le millipède a un corps cylindrique, de couleur grise, et mesure de 2 à 3 cm. Il a 2 paires de pattes par segment. Il est timide. Dès qu'on le dérange, il fige sur place en s'enroulant sur lui-même, ou il tente de fuir à la vitesse de la tortue !

Leur habitat

La plupart du temps, le centipède et le millipède aiment les mêmes milieux. La forêt est le meilleur endroit pour en trouver, mais il y en a aussi près des maisons et dans les champs. Ils se tiennent sous les pierres, les feuilles mortes et les débris de bois pourri. C'est là qu'ils se cachent le jour.

Leur importance dans la nature

La rapidité du centipède en fait un bon prédateur. Carnivore, il se nourrit principalement de vers, de larves d'insecte et d'autres animaux à corps mou. Il a quelques ennemis dont les crapauds, les couleuvres et les musaraignes.

Le millipède est d'abord végétarien. Il se nourrit surtout de jeunes feuilles fraîchement tombées. Il joue donc un rôle très utile en assurant la première décomposition de la matière végétale. Ses excréments fournissent une grande quantité de matière facilement décomposable par les bactéries, qui fournissent à leur tour des minéraux aux plantes. Le millipède a les mêmes ennemis naturels que le centipède.

CARTE D'IDENTITÉ

Centipède
(Mille-pattes)
Scutigerella sp.
Centipedes

Sexe : mâle ou femelle
Taille : 2-5 cm
Couleur : brun
Lieu de naissance : dans les endroits humides, obscurs

Classe : Myriapodes
Ordre : Chilopodes
Famille : Scutigéridés

ANATOMIE

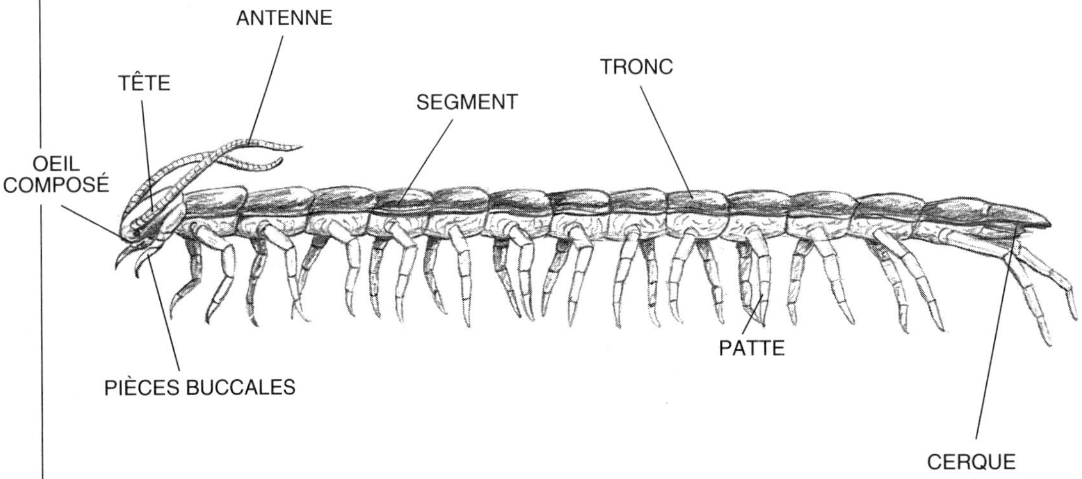

CYCLE DE VIE

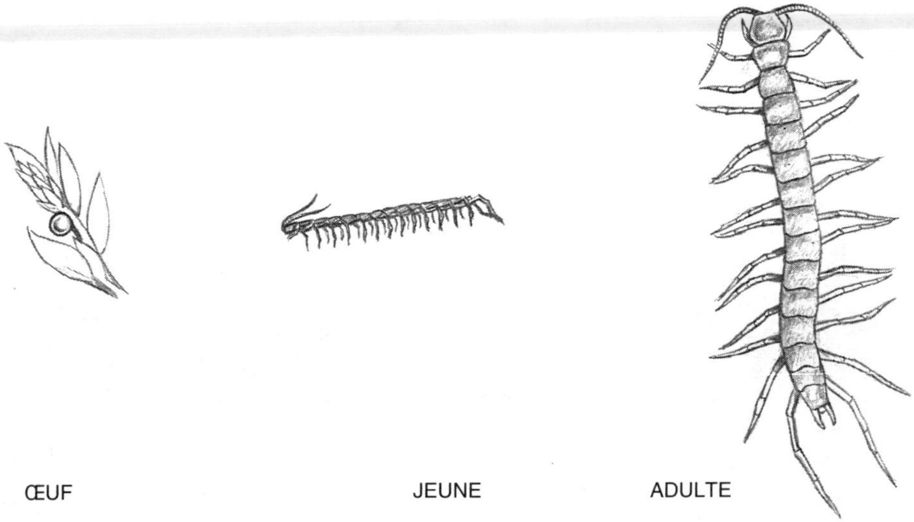

CARTE D'IDENTITÉ

Millipède
(Mille-pattes)
Schizophyllum sp.
Millipedes

Sexe : mâle ou femelle
Taille : 2-3 cm
Couleur : gris
Lieu de naissance : dans les endroits humides, obscurs

Classe : Myriapodes
Ordre : Diplopodes
Famille : Polyxénidés

ANATOMIE

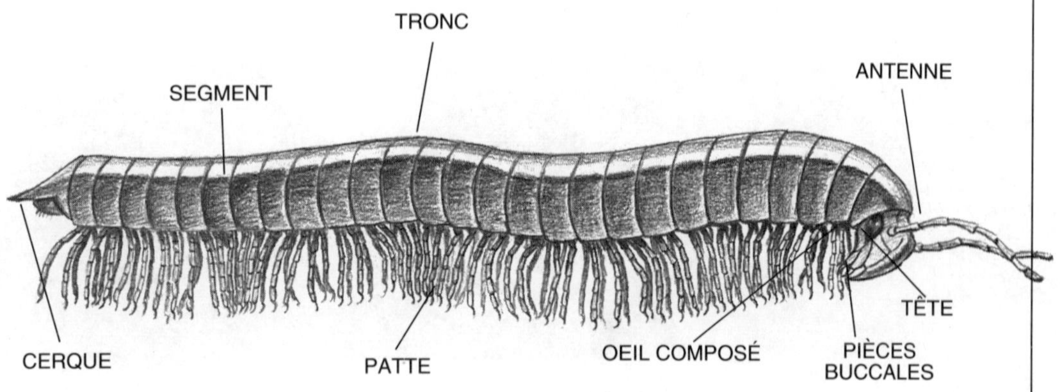

CYCLE DE VIE

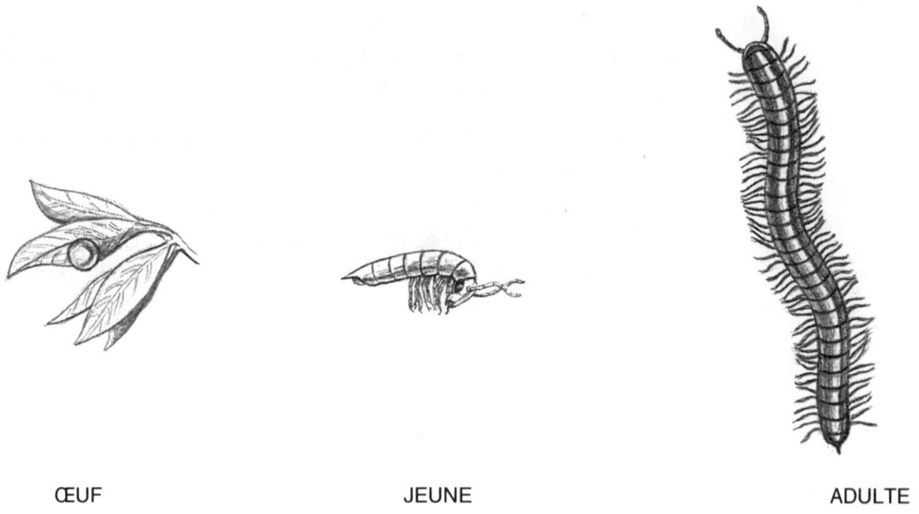

La capture

Matériel

◆
2 POTS (500 ML)
◆
PINCE À SOURCILS

Tu trouveras des centipèdes ou des millipèdes en fouillant sous les pierres, les feuilles mortes ou les troncs d'arbres morts. N'oublie pas que le centipède est très rapide. Pour le capturer, sers-toi d'une pince à sourcils car il pourrait te pincer légèrement avec ses mâchoires. Fais tout de même attention de ne pas l'écraser avec la pince. Dépose-le dans un des pots.

C'est plus facile de capturer un millipède parce que celui-ci se déplace très lentement. Tu peux le prendre avec la pince ou avec tes doigts sans courir aucun risque. Prends soin de mettre les centipèdes et les millipèdes dans des pots différents. Captures-en de 4 à 6 dans chaque cas.

L'élevage

L'élevage des centipèdes et des millipèdes peut se faire dans un grand bocal aménagé en vivarium. Il importe cependant d'élever ces espèces séparément car elles ne font pas très bon ménage.

Dépose une couche de morceaux de bois en décomposition, un peu de mousse ou de brins d'herbe et quelques feuilles mortes dans tes bocaux. Perce quelques trous dans les couvercles ou recouvre les bocaux d'une mousseline ou d'un bas de nylon que tu fixeras au goulot avec un élastique. Maintiens l'humidité en arrosant fréquemment avec le vaporisateur. Évite de créer un milieu trop humide. Une fois que tu y auras installé tes centipèdes et tes millipèdes, place tes vivariums dans un endroit peu éclairé parce que tes pensionnaires ont l'habitude de vivre dans des lieux sombres. L'activité suivante, *Carnivore ou végétarien ?*, t'apprendra comment les nourrir.

Matériel

◆

2 GRANDS BOCAUX (4 LITRES)

◆

MOUSSE OU PETITS BRINS D'HERBE, MORCEAUX DE BOIS EN DÉCOMPOSITION, FEUILLES MORTES

◆

COUVERCLES ET CLOU
OU
MOUSSELINE
OU
BAS DE NYLON ET ÉLASTIQUES

◆

VAPORISATEUR À EAU

Carnivore ou végétarien ?

Matériel

◆
2 VIVARIUMS POUR MYRIAPODES
◆
PETITS MORCEAUX DE POISSON OU DE VIANDE CRUE (BOEUF, AGNEAU, POULET)
◆
PETITS COUVERCLES DE POT (FACULTATIF)

De ces 2 myriapodes, le centipède et le millipède, l'un est carnivore et l'autre végétarien. Simple et intéressante à réaliser, l'activité suivante te le confirmera. Prépare 2 vivariums en suivant les indications fournies dans l'activité précédente. Les morceaux de feuilles et de bois serviront de nourriture végétale. Ajoute dans chacun des vivariums de petits morceaux de poisson ou de viande que tu déposeras directement au fond ou dans les petits couvercles. Ne les y laisse pas plus de 24 heures car après, ils pourriront. Quand tout sera prêt, place un millipède dans le premier vivarium et un centipède dans le deuxième. Regarde souvent ce qui se passe.

Tu constateras que le centipède aime bien la viande, contrairement au millipède qui l'ignore et préfère la nourriture végétale. Si tu remarques que le centipède ne mange pas après quelques jours, relâche-le. Tu comprends mieux maintenant pourquoi il faut éviter de mettre ces 2 myriapodes dans un même élevage. Le centipède ne ferait qu'une bouchée du millipède.

Lucifuge le centipède

Il s'agit ici de voir si le centipède préfère les endroits sombres à ceux qui sont plus éclairés. En t'aidant de l'illustration, fabrique 4 petites tentes, soit 1 noire et 3 de couleur pâle, avec le papier collant et les feuilles de papier. Découpe une très petite porte sur chacune pour que le centipède puisse y pénétrer à sa guise. Fabrique aussi un plancher à chacune des tentes. Étends ensuite un papier absorbant au fond de ton aquarium ou de ton pot. Humecte-le suffisamment pour qu'il adhère bien au fond. Dispose les 4 tentes sur le papier humide. Avec la pince à sourcils, introduis un centipède dans le bocal. À ton avis, dans quelle tente celui-ci ira-t-il se cacher ? Attends quelques heures pour vérifier tes constatations. Ton invité préfère-t-il les lieux sombres ou les endroits éclairés ?

Tu constateras après quelques essais que le centipède fuit la lumière. On dit qu'il est lucifuge. Dans la nature, on le rencontre dans l'obscurité sous les objets ou parmi les feuilles mortes, entre autres pour se protéger des prédateurs.

Matériel

◆

1 AQUARIUM
OU 1 POT DE 4 LITRES

◆

1 FEUILLE DE PAPIER
CONSTRUCTION NOIR

◆

3 FEUILLES DE PAPIER
DE COULEUR PÂLE
(EX. : BLANCHE, ROSE ET BLEUE)

◆

PAIRE DE CISEAUX

◆

PINCE À SOURCILS

◆

PAPIER COLLANT

◆

PAPIER ABSORBANT (ESSUIE-TOUT)

Les crustacés

Les crustacés sont des animaux assez connus. Leur taille varie énormément. Certains, comme les daphnies et les cyclopes, sont très petits (environ 1 mm). D'autres, comme les écrevisses et les homards, sont nettement plus gros.

Les caractéristiques des crustacés

Le corps des crustacés se divise en 2 sections. La première est appelée céphalothorax parce que la tête et le thorax y sont soudés. L'autre partie est l'abdomen que plusieurs appellent à tort la queue. La tête porte 2 paires d'antennes. Parfois, d'autres paires d'appendices situés près de la bouche aident l'animal à s'alimenter. La seconde partie du céphalothorax porte les pattes, généralement au nombre de 5. L'animal s'en sert habituellement pour se déplacer ou pour prendre des choses. L'abdomen porte 6 paires d'appendices servant soit à avancer (pattes), soit à nager (nageoires). L'abdomen se termine par la queue ou telson.

Les crustacés sont de véritables vidangeurs. Ils passent leur vie à débarrasser l'environnement des animaux et végétaux morts qui reposent sur le sol ou au fond de l'eau. Ils représentent par ailleurs une importante source de nourriture pour de nombreux poissons et mammifères.

Le milieu de vie des crustacés

Les crustacés sont surtout des animaux aquatiques. Il en existe cependant des espèces terrestres, telles les pagures et les cloportes.

Le cloporte

Le cloporte est un petit animal très commun dans la nature. On l'appelle familièrement «bibitte à bois» parce qu'il a l'habitude de se cacher sous les bouts de bois.

Les caractères particuliers du cloporte

Le cloporte est un animal grisâtre mesurant de 1 à 2 cm. En plus des yeux et de la bouche, sa tête comprend une paire d'antennes et une paire d'antennules (minuscules antennes, visibles uniquement sous l'animal). Il s'agit dans un cas comme dans l'autre d'organes tactiles et olfactifs, c'est-à-dire dont l'animal se sert pour toucher et pour sentir. Le cloporte a 7 paires de pattes, toutes fixées au céphalothorax (tête et thorax soudés). Si tu examines le dessous du cloporte, tu verras des branchies en lamelles formant une tache blanche à la base de l'abdomen. Ces branchies servent à la respiration.

Le cloporte pond des oeufs pour se reproduire. Les petits cloportes sont très semblables aux adultes. Le cloporte doit muer pour grandir. Sa peau se fend alors et l'animal perd une moitié de sa carapace, puis l'autre. D'abord très pâle, sa nouvelle carapace prend rapidement sa couleur grise habituelle.

Il y a deux espèces principales de cloportes qui se ressemblent à première vue. L'une d'elles, le cloporte vulgaire, a un comportement particulier qui permet de le reconnaître facilement. Lorsqu'il est dérangé, le cloporte vulgaire se plie en deux ou se roule en boule. Sa carapace est pour lui un véritable moyen de défense. L'autre espèce, le cloporte commun, ne peut pas se rouler en boule parce que sa carapace n'est pas assez flexible.

Son habitat

Le cloporte vit aussi bien en forêt que dans les champs. Certaines espèces se retrouvent même dans la mer. Pour assurer le bon fonctionnement de ses branchies, le cloporte fréquente des milieux humides parce que l'humidité lui fournit l'oxygène dont il a besoin. Il se nourrit de débris végétaux. Tu trouveras des cloportes sous de vieilles planches ou des morceaux de bois pourri, sous des roches ou des cartons abandonnés, ou encore dans les sous-sol humides des maisons.

Son importance dans la nature

Le cloporte est un petit vidangeur. En se nourrissant de débris végétaux , il contribue à accélérer la décomposition des plantes. Ainsi broyée, la matière végétale est à nouveau décomposée par les bactéries et peut ensuite servir de nourriture aux plantes.

CARTE D'IDENTITÉ

Cloporte commun
(Bibitte à bois)
Oniscus asellus
Sowbug

Sexe : mâle ou femelle
Taille : 1-2 cm
Couleur : gris
Lieu de naissance : dans les endroits humides, obscurs

Classe : Crustacés
Ordre : Isopodes
Famille : Oniscidés

ANATOMIE

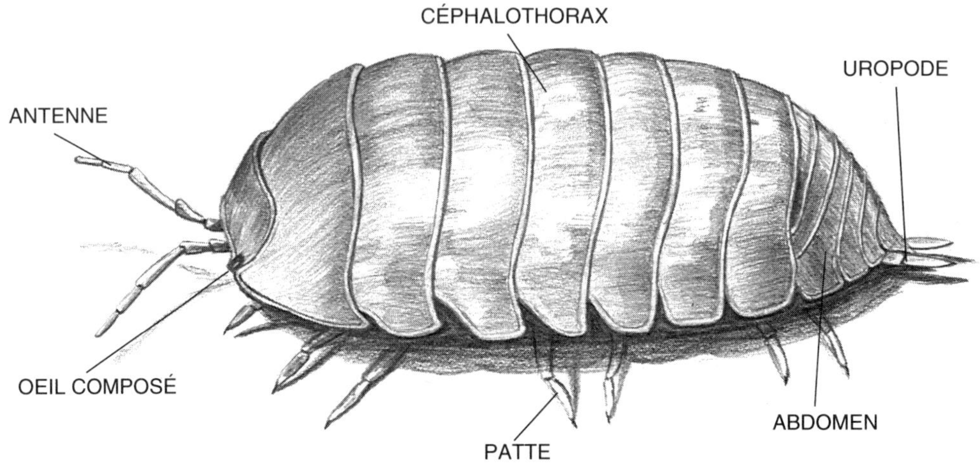

CYCLE DE VIE

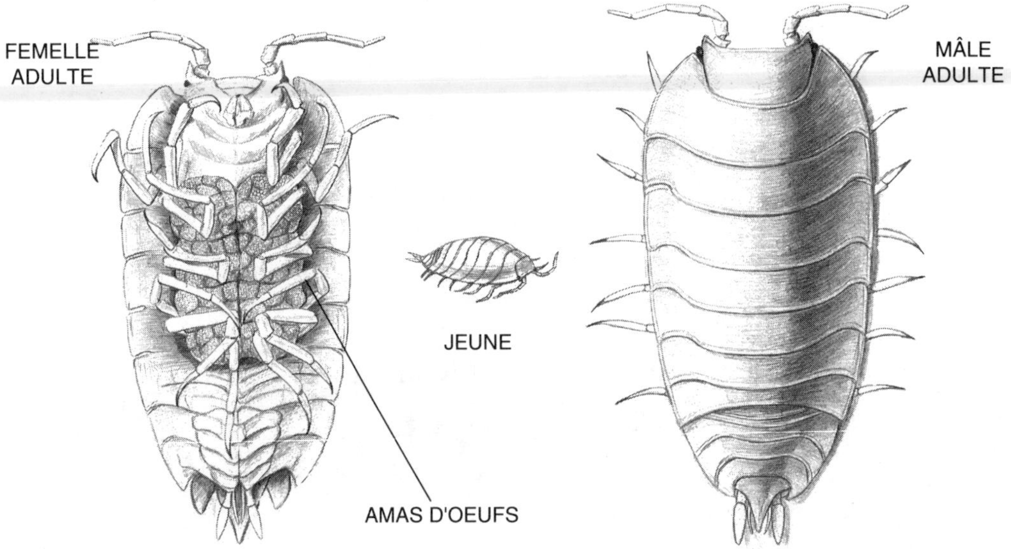

La capture

Les cloportes vivent habituellement sous des planches, des roches, des morceaux de bois. Pour les capturer, c'est là qu'il faut d'abord regarder, de préférence par temps pluvieux. Mais tu peux aussi te fabriquer un piège à cloporte avec une pomme de terre crue. Coupe la pomme de terre en 2 dans le sens de la longueur. Creuse un trou avec la cuillère au centre de chaque demi-pomme de terre, côté coupé. Découpe ensuite un demi-cercle au bord de chacune comme sur l'illustration, puis recolle les deux moitiés en les retenant avec les élastiques.

Fabrique quelques-uns de ces pièges et dépose-les à différents endroits dans la nature près de chez toi : autour de la maison, dans le jardin, dans un champ, un boisé, etc. Assure-toi que le trou d'entrée est au niveau du sol en y enfonçant un peu la pomme de terre. Si tu n'obtiens pas de résultats tout de suite, laisse tes pièges en place 1 ou 2 journées. Capture de 10 à 15 cloportes pour pouvoir faire des observations intéressantes.

Matériel

- POMMES DE TERRE CRUES
- 2 ÉLASTIQUES PAR POMME DE TERRE
- 1 COUTEAU
- 1 CUILLÈRE

L'élevage

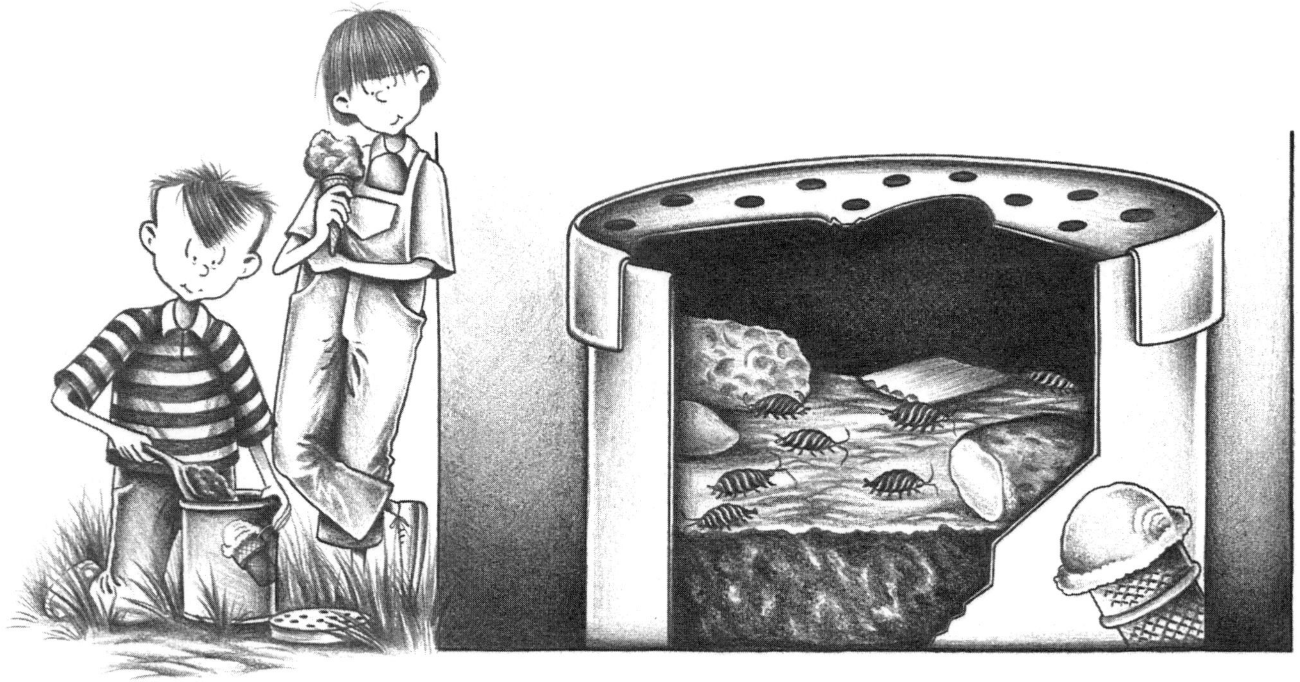

Matériel

◆

1 CONTENANT EN PLASTIQUE DE 2 LITRES (EX. : CRÈME GLACÉE)

◆

TERRE CONTENANT DES DÉBRIS VÉGÉTAUX

◆

CARTONS, ROCHES PLATES

◆

1/2 POMME DE TERRE CRUE

◆

VAPORISATEUR À EAU OU ÉPONGE HUMIDE

Pour élever des cloportes (de 10 à 15), il suffit de reconstituer leur habitat dans un contenant en plastique. Remplis ton contenant aux deux tiers avec de la terre que tu auras prise de préférence en forêt. Assure-toi qu'elle contient des vieilles feuilles. Dispose quelques roches plates et cartons dans le vivarium afin de fournir de 2 à 4 cachettes à tes pensionnaires. Il est important de garder tes petits crustacés dans un milieu humide et sombre. Tu peux maintenir l'humidité en vaporisant de l'eau ou en plaçant une éponge humide au fond du contenant. La terre ne doit cependant jamais être détrempée. Place aussi ta demi-pomme de terre au fond. Elle servira de nourriture et d'abri aux cloportes.

Dépose ton vivarium dans un endroit frais du sous-sol ou dehors, à l'ombre.

Tu trouveras parfois des morceaux de peau blanche à l'intérieur. Ce sont des mues de cloportes qui, en grandissant, perdent leur vieille peau !

Un régime de papier

Dans la feuille de papier quadrillé, découpe un carré de 10 cm de côté. Si tu n'as pas de papier quadrillé, utilise une grille de mots croisés. Tu en trouveras facilement dans un journal. Place ce carré de papier dans un verre d'eau pendant quelques minutes. Puis remplace la pomme de terre de ton vivarium par le carré de papier mouillé.

Les cloportes se nourriront de papier pendant quelques jours. Ne crains rien, ils en raffolent ! Selon le nombre de cloportes et leur appétit, le papier sera plus ou moins mangé à la fin de la semaine. Amuse-toi à prédire combien de jours s'écouleront avant qu'il soit complètement disparu.

Si le cloporte est gourmand de papier, c'est que celui-ci est fabriqué avec des fibres de bois, dont il aime se nourrir. Dans la nature, les cloportes font le même travail avec le bois qui traîne par terre. Si tu examines le dessous d'une vieille planche qui traîne depuis très longtemps, tu constateras que les cloportes ont profondément rongé le bois. À voir l'étendue des «dégâts», tu vas probablement penser que c'est l'oeuvre d'un gros animal ! Pourtant, ce sont de simples cloportes qui ont abattu tout ce travail.

Matériel

◆
1 VIVARIUM POUR CLOPORTES
◆
1 FEUILLE DE PAPIER QUADRILLÉ OU 1 GRILLE DE MOTS CROISÉS
◆
1 RÈGLE
◆
1 VERRE D'EAU
◆
1 PAIRE DE CISEAUX

Un choix facile

Matériel

◆

1 AQUARIUM
OU 1 GRAND PLAT EN PLASTIQUE

◆

5 TUBES DE CARTON
DE PAPIER HYGIÉNIQUE

◆

4 MORCEAUX DE PAPIER
CONSTRUCTION MOUILLÉ
DE 2 CM SUR 3 CM

◆

4 SACHETS DÉSHYDRATANTS
(SACHETS DE SILICE PLACÉS DANS
LES BOUTEILLES DE MÉDICAMENTS
OU LES BOÎTES D'EMBALLAGE
DES APPAREILS-PHOTO
POUR CHASSER L'HUMIDITÉ)

◆

PAPIER COLLANT

Ferme hermétiquement une extrémité de chaque tube de papier hygiénique avec du papier collant. Place 1 sachet déshydratant dans un tube et les 3 autres sachets dans un deuxième tube. En absorbant l'humidité, les sachets créeront un milieu sec dans le premier tube et un milieu très sec dans le second. Place ensuite un morceau de papier construction mouillé dans le troisième tube et les 3 autres morceaux dans le quatrième tube. Tu viens de créer un milieu humide dans le troisième tube et très humide dans le quatrième. Ne mets rien dans le dernier tube, il contiendra l'humidité ambiante. Dispose tes 5 tubes au fond de l'aquarium ou du plat. Places-y une dizaine de cloportes. Après quelques heures, regarde dans quel tube se trouvent les cloportes.

Tu constateras sans doute que les cloportes ne sont pas attirés par l'air sec. Leurs branchies doivent en effet baigner dans un milieu humide pour que leur respiration soit facilitée.

Bonjour ou bonsoir ?

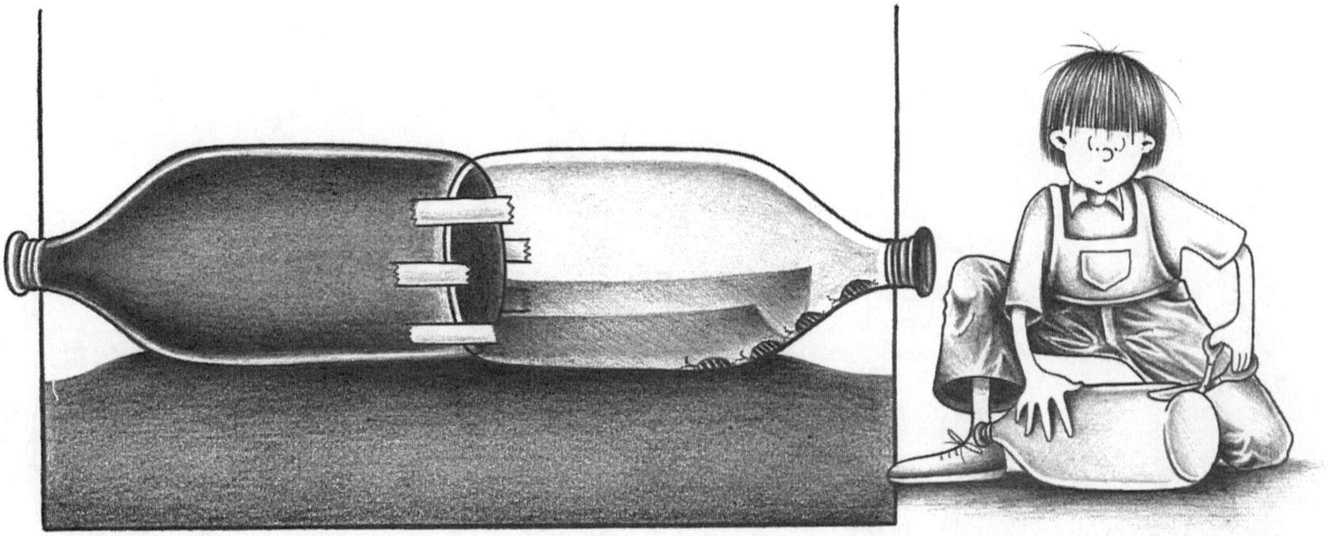

Les cloportes préfèrent-ils la clarté ou l'obscurité ? Si tu veux le savoir, réalise l'activité suivante.

Enlève le fond des 2 bouteilles avec tes ciseaux. Si tu n'as pas de bouteille opaque, recouvre complètement l'extérieur de l'une d'elles avec un papier noir. Tapisse l'intérieur de chacune des bouteilles avec un papier absorbant humecté. Assure-toi que le papier adhère bien à la paroi. Humecte-le davantage s'il ne colle pas bien parce qu'il ne faut pas que les cloportes puissent circuler sous le papier. Couche les bouteilles sur une table et réunis-les par le fond avec le papier collant. Introduis 5 cloportes par le goulot de chaque bouteille et remets les bouchons. Après 5 minutes, note combien de cloportes se trouvent dans la bouteille transparente et combien dans l'autre bouteille. Refais tes observations toutes les 5 minutes pendant une demi-heure. Note soigneusement les résultats.

Tu constateras sans doute que les cloportes préfèrent l'obscurité à la clarté. Dans la nature, ceux-ci se tiennent surtout dans les endroits sombres, mais ils peuvent sortir quand le temps est couvert et pluvieux.

Matériel

◆

2 BOUTEILLES EN PLASTIQUE (L'UNE OPAQUE ET L'AUTRE TRANSPARENTE) AVEC LEUR BOUCHON

◆

1 FEUILLE DE PAPIER CONSTRUCTION NOIR

◆

PAPIER ABSORBANT (ESSUIE-TOUT) HUMIDE

◆

PAIRE DE CISEAUX

◆

PAPIER COLLANT

◆

PAPIER, CRAYON ET MONTRE

L'obscurité source de vie ?

Matériel

◆

2 BOUTEILLES EN PLASTIQUE (L'UNE OPAQUE ET L'AUTRE TRANSPARENTE) AVEC LEUR BOUCHON

◆

1 FEUILLE DE PAPIER CONSTRUCTION NOIR

◆

1 FEUILLE DE PAPIER CONTRUCTION HUMIDE

◆

PETITS MORCEAUX DE POMME DE TERRE

◆

PAIRE DE CISEAUX

◆

PAPIER COLLANT

Découpe le fond des 2 bouteilles avec tes ciseaux. Si tu n'as pas de bouteille opaque, recouvre complètement l'une d'elles avec un papier noir. Mets quelques petits morceaux de pomme de terre dans chaque bouteille pour nourrir tes pensionnaires. Couche les 2 bouteilles sur la table et relie-les par le fond avec du papier collant après avoir placé une feuille de papier construction très humide entre elles pour maintenir l'humidité du milieu. Par le goulot des bouteilles, introduis 5 cloportes dans chacune et remets les bouchons. Au bout de 5 jours, examine les cloportes à l'intérieur de la bouteille transparente et dans celle qui est opaque.

Tu constateras que les cloportes peuvent aussi vivre à la clarté même s'ils préfèrent l'obscurité, comme l'activité *Bonjour ou bonsoir?* t'aura permis de le vérifier.

Ni chaud ni froid

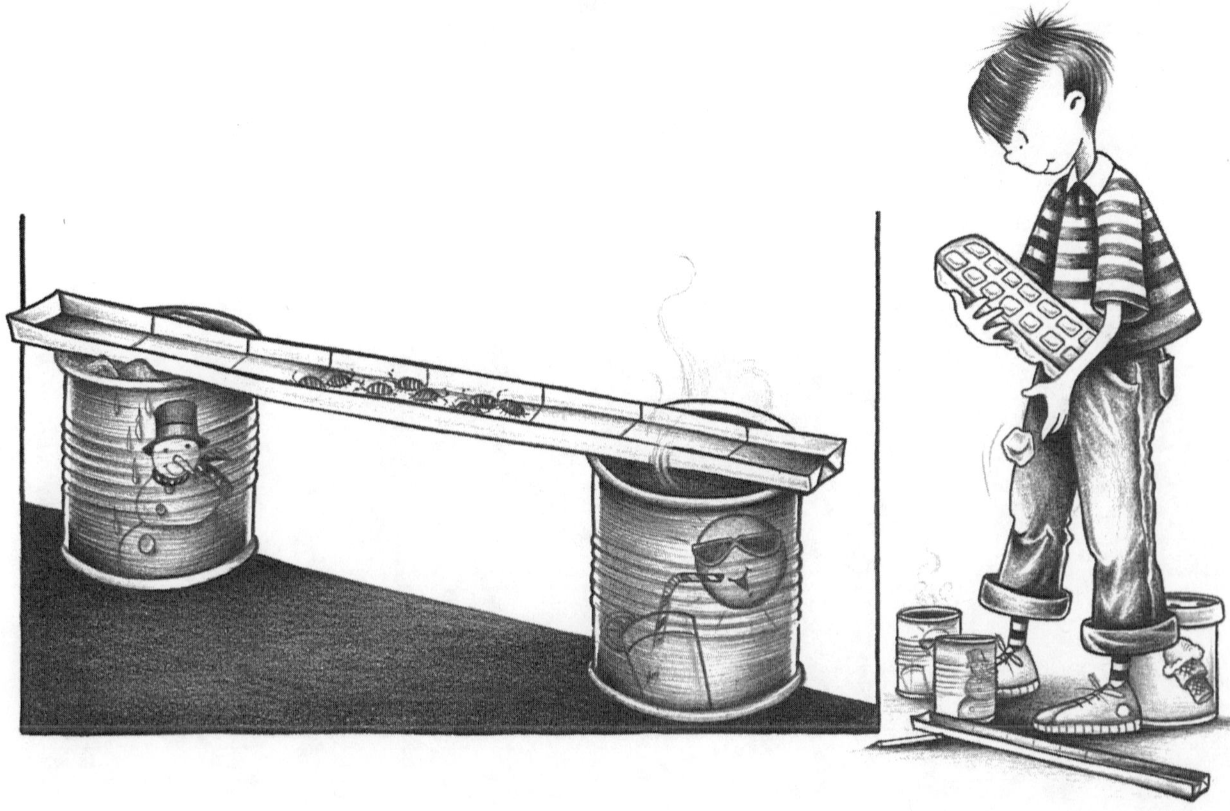

En t'aidant de l'illustration, fabrique avec du papier aluminium une boîte sans couvercle d'environ 36 cm de longueur sur 1 cm de largeur, munie de petits bords. Une fois terminée, ta boîte ressemblera à un corridor. Divise ce corridor en 8 sections égales perpendiculaires à la longueur en te servant du crayon de cire. Installe le corridor en équilibre sur les deux boîtes de conserve dont l'une est remplie à ras bords de glace et l'autre d'eau chaude. Le papier aluminium conduira très bien le froid et la chaleur. Note la température des différentes sections en appliquant le bout du thermomètre sur chacune d'elles pendant 1 minute. Place 8 cloportes au centre du corridor. Toutes les 20 minutes, compte le nombre de cloportes dans chaque section. Inscris tes résultats.

Les cloportes vivent dans des endroits frais (où il fait entre 12 et 18 °C). Tu devrais en retrouver très peu ou pas du tout aux deux extrémités du corridor.

Matériel

- 2 BOITES DE CONSERVE
- 1 FEUILLE DE PAPIER ALUMINIUM (12 CM SUR 40 CM)
- GLACE ET EAU CHAUDE
- THERMOMÈTRE
- CRAYON DE CIRE
- PAPIER, CRAYON ET MONTRE

Calcul impossible ?

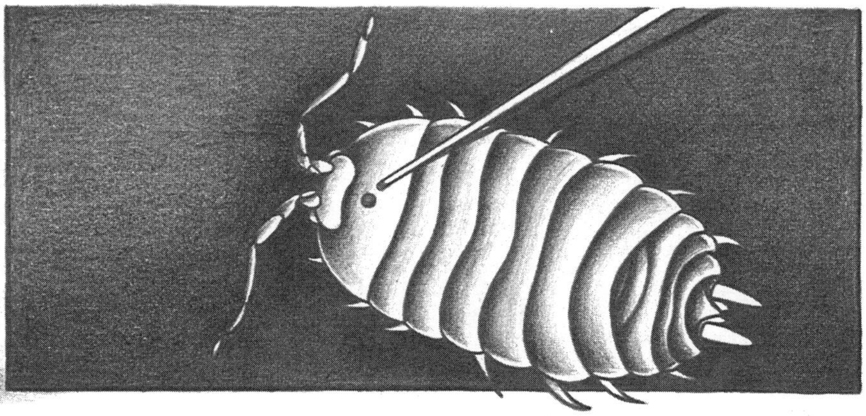

Matériel

◆

1 TUBE DE PEINTURE ACRYLIQUE BLANCHE, ROUGE OU VERTE

◆

1 CURE-DENT

◆

4 PIQUETS

◆

1 CORDE DE 4,5 M

◆

PAPIER, CRAYON ET MONTRE

Voici une méthode utilisée par les écologistes pour évaluer la population d'une espèce particulière de petits animaux. Choisis un endroit où il y a beaucoup de cloportes (ex. : un jardin). Détermine la superficie (ex. : 40 m^2) du terrain d'observation. Ensuite, en plantant un piquet à chaque coin, trace un carré de 1 m de côté en passant la corde d'un piquet à l'autre. Attrape tous les cloportes que tu trouveras dans ce carré pendant une demi-heure et compte-les. Avec le cure-dent et la peinture acrylique, marque chaque cloporte d'un petit point de couleur sur une plaque de son dos. Fais bien attention de ne pas trop mettre de peinture, pour ne pas coller les plaques de son corps ensemble. Le cloporte perdra cette tache lors de sa prochaine mue. Relâche ensuite tous les cloportes marqués à l'intérieur de ton carré.

Le lendemain, ramasse pendant encore une demi-heure tous les cloportes, marqués ou non, que tu trouveras dans le carré. Compte tous les cloportes que tu captures et note le nombre de ceux qui sont marqués. Si ton expérience n'est pas concluante, fais un nouvel essai dans un autre carré. Fais ensuite le calcul suivant:

$$\frac{\text{Nombre de cloportes (1}^{\text{re}}\text{ fois)} \times \text{Nombre de cloportes non marqués (2}^{\text{e}}\text{ fois)}}{\text{Nombre de cloportes marqués (2}^{\text{e}}\text{ fois)}}$$

En multipliant le nombre obtenu par la superficie en m^2 de ton terrain d'observation, tu obtiendras une estimation du nombre de cloportes sur ce terrain.

Naturellement, pour avoir une idée plus exacte, les écologistes font ce calcul à plusieurs endroits sur un grand terrain. Le nombre que tu obtiendras sera plus élevé si l'environnement convient particulièrement bien aux cloportes: nourriture abondante, humidité et température idéales.

CLASSEMENT DES ACTIVITÉS PAR PICTOGRAMME

ACTIVITÉS							
La fosse			●		●		///
Une bonne cachette			●			●	//
La capture (ver de terre)			●	●	●		/
L'élevage (ver de terre)		●	●				///
L'humidité pour la vie			●				///
Vers le soir		●					//
Le secret du ver de terre		●					//
Le ver laboureur		●					///
La capture (limace et escargot)			●	●	●	●	///
L'élevage (limace et escargot)		●	●				///
Une question de goût		●					//
Une question de flair		●					//
Sens-moi ça		●					//
Sec ou humide ?		●					///
Clair ou obscur ?		●					///
Chaud ou froid ?		●					/
Monter ou descendre ?		●					/
Petit train va loin		●					/

ACTIVITÉS							
Un excellent fakir		●	●				/
À vos marques !		●					/
Un tour de force		●					/
La capture (araignée)	●		●		●	●	//
L'élevage (araignée)	●	●					///
La capture et l'élevage sur cadre	●		●		●	●	///
Qui va là ?	●	●	●				/
Drôle de collection	●	●	●		●	●	///
La capture (centipède et millipède)	●		●		●	●	//
L'élevage (centipède et millipède)	●	●	●				///
Carnivore ou végétarien ?	●	●					///
Lucifuge le centipède	●	●					//
La capture (cloporte)			●	●	●	●	///
L'élevage (cloporte)		●	●				///
Un régime de papier		●					///
Un choix facile		●					///
Bonjour ou bonsoir ?		●					//
L'obscurité source de vie ?		●					///
Ni chaud ni froid		●					//
Calcul impossible ?			●		●	●	///

POUR EN SAVOIR PLUS LONG

BACK, C., WATTS, B., *L'araignée et sa toile*, Coll. Clin d'oeil, Éd. École Active, Montréal, 1989.

BENDER, L., *Les araignées*, Éd. Héritage, Saint-Lambert, 1988.

BUHOLZER, T., *Les escargots*, Coll. Métamorphoses de la nature, Éd. École Active, Montréal, 1986.

CAMPBELL, A., BOUNAY, C., *Les insectes et autres invertébrés*, Coll. Les animaux du monde entier, Éd. France Loisirs, Paris, 1988.

DURRELL, G., DURRELL, L., *Le naturaliste en campagne*, Éd. Bordas, Paris, 1983.

ELLIOTT, F., *Les araignées*, ONF, film fixe ONF 205C0265530.

ELSON, L. M., *La zoologie à colorier*, Éd. Edisem, Saint-Hyacinthe, 1985.

HAHNEL, W., *Les coquillages et les escargots*, Coll. Qui? Pourquoi?, Éd. Chanteclerc, Aartselaar, 1973.

INGVES, G., *Le ver de terre*, Coll. Voir et savoir, Éd. Dupuis, Charleroi, 1976.

INGVES, G., *L'escargot*, Coll. Microscope, Éd. Dupuis, Charleroi, 1977.

JENNINGS, T., CARLIER, F., *Les vers de terre*, Coll. Jeunes savants, Éd. Trécarré, Ville Saint-Laurent, 1989.

LAMBLIN, I., *L'élevage des petits animaux*, Éd. École Active, Montréal, 1973.

LOISELLE, R., LEPRINCE, D., *L'entomologiste amateur*, Les Publications du Québec, Québec, 1987.

OLESEN, J., JARNER, B., *L'escargot*, Coll. Clin d'oeil, Éd. École Active, Montréal, 1989.

PARSONS, A., *Une araignée*, Coll. Chemins de la découverte, Gallimard, Paris, 1990.

SCHNIEPER, C., MEIER, M., *Les araignées*, Coll. Métamorphoses de la nature, Éd. École Active, Montréal, 1986.

SOUTTER-PERROT, A., *Le ver*, Coll. Premier livre de la nature, Éd. Gallimard-Tournesol, Paris, 1979.

WATTS, F., HENNO, J., *Les araignées*, Coll. Mini-documentation, Éd. École Active, Montréal, 1986.

Achevé d'imprimer au Canada
Imprimerie Gagné Ltée Louiseville